Manuel pratique

Massages pour bébés

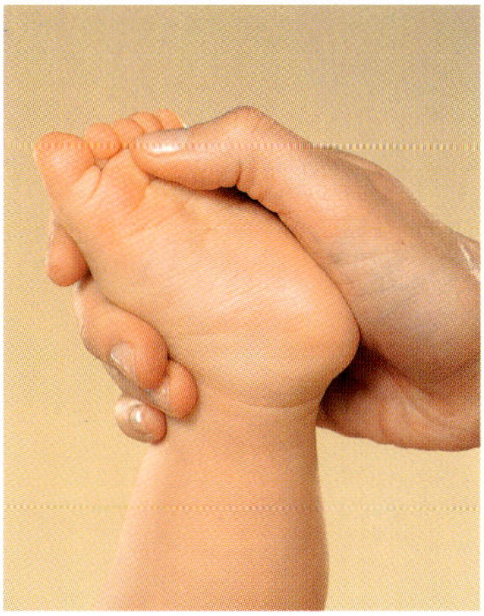

Manuel pratique

Massages pour bébés

Rahel Rehm-Schweppe I Sabine Grabosch

CHANTECLER

Sommaire

Tout en douceur

Le massage traditionnel des bébés

En le manipulant tendrement, vous offrez à votre bébé de la chaleur, de l'amour et de la sécurité.

L'habitude d'avoir des contacts tendres fait souvent dire qu'il n'y a pas besoin de se parler pour se comprendre. Depuis toujours, le contact physique affectueux renforce l'intimité et la confiance qui peuvent se développer entre les parents et leurs enfants. Le massage d'un bébé est une forme ritualisée de ce contact, qui permet d'établir une relation étroite avec son enfant. Comme toutes les autres variétés de massages, celui du bébé s'appuie sur des gestes et des techniques qui assurent bien-être et détente complète. Le massage du bébé offre en plus la possibilité d'exprimer au-delà des mots à cette petite créature à quel point nous l'aimons et combien elle compte pour nous.

Le massage fait partie des soins

Le massage des bébés est aussi vieux que l'humanité elle-même. On l'observe chez la plupart des mammifères développés. Il n'y a donc aucune raison de penser que nos ancêtres lointains n'aient pas pris la peine de pratiquer ces contacts bienveillants sur leurs jeunes enfants. Il existe d'ailleurs d'innombrables exemples de ces gestes d'intimité dans les cultures traditionnelles, dans lesquelles le massage des bébés fait partie intégrante des soins aux nouveau-nés : les bébés sont massés pour assouplir leurs articulations, stimuler leur croissance, adoucir leurs petits problèmes gastriques ou même pour donner de jolis traits à leur visage.

Le massage, un langage universel

On observe des massages traditionnels en Afrique (massages très énergétiques par rapport aux techniques européennes), en Indonésie, dans les deux Amériques, en Océanie et aussi en Sibérie. Mais le plus célèbre de tous (assez récemment connu en France) est le massage indien qui reste intimement lié à la tradition ayurvédique. Il s'intéresse non seulement au bébé, mais aussi à la mère. Des mélanges d'huiles spéciaux sont proposés et un programme de soins quotidiens recommande l'utilisation d'herbes et l'observation de règles alimentaires - l'Ayurvéda s'intéresse à toutes les facettes de la vie pour préserver la santé. Le but du massage indien des bébés consiste à maintenir ceux-ci en parfaite santé, à favoriser leur croissance et à permettre à leur mère d'apaiser les petits maux, avant même qu'ils se développent.

Toutes ces coutumes de massage ont en commun l'envie de répondre au besoin de contact et de tendresse des bébés, d'autant mieux que cela se fait dans un cadre apaisant dans lequel la mère ET le père peuvent y consacrer toute leur attention. Les bébés du monde entier ont ce besoin d'être tenus, portés, caressés et bercés dans les bras. Mais le massage apporte encore bien plus.

Une touche d'amour

Les sens des bébés commencent à se développer dès la gestation dans l'utérus de leur mère. Leurs yeux s'ouvrent, ils distinguent la lumière à travers la paroi du ventre maternel ; leur ouïe fonctionne aussi, bien avant la naissance. Leur sens du toucher existe tout autant, de même que la capacité à percevoir l'environnement par contact de la peau et c'est l'un des tout premiers sens à se développer.

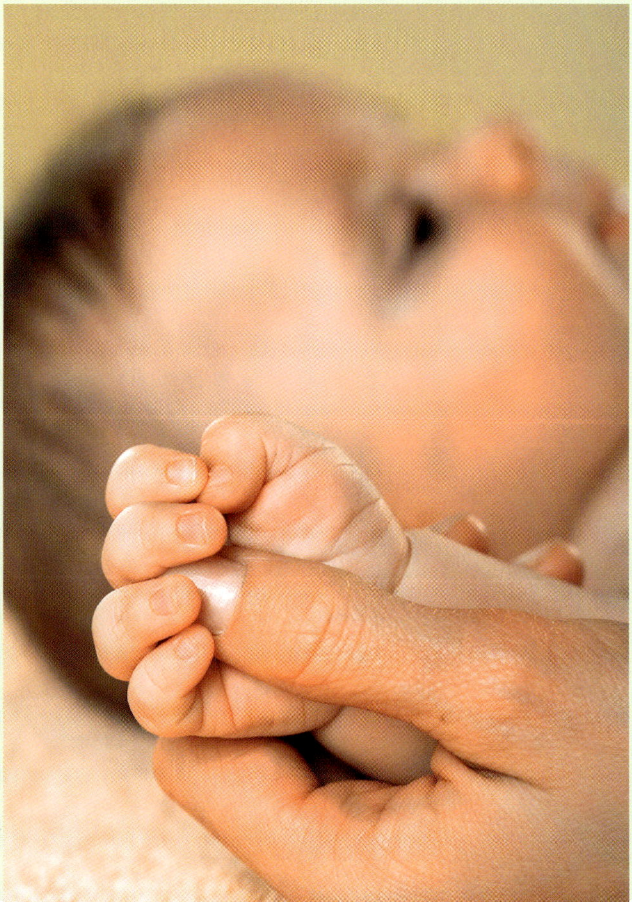

Pour bien grandir, les bébés ont besoin de beaucoup de contact corporel.

La vie commence avec le contact corporel

Dans le ventre de sa mère, le bébé est bien protégé par la paroi utérine. Il est baigné dans le liquide amniotique, étant ainsi massé sans cesse. Il entend le cœur de sa mère qui bat, le son de sa voix, il est le témoin direct de chacun de ses mouvements. La naissance interrompt ce contact et le bébé se retrouve soudain entouré d'un grand vide dérangeant.

Aucun adulte ne sait comment un bébé appréhende le changement d'environnement qu'il expérimente à sa naissance. Nos capacités cognitives ne commencent à se développer qu'au cours de l'enfance et ce n'est que longtemps après notre naissance que nous devenons capables de mettre des mots sur nos expériences et d'exprimer notre pensée. Nous pouvons cependant essayer d'imaginer comment le bébé vit la naissance, et nous comprenons alors vite combien le contact physique, l'affection et la sécurité sont essentiels et passent avant tout le reste dans les premiers mois de la vie de chaque enfant.

Offrez de l'amour !

Le massage de votre bébé va vous aider à lui consacrer toute votre attention pleine d'amour. Les contacts nombreux et répétés répondront à son besoin de tendresse et de présence, qui sont tout aussi importants que le besoin de nourriture. Sentir les mains de sa mère sur son corps rassure le bébé et lui permet d'expérimenter physiquement la sensation de satisfaction du besoin comblé. Ce contact doux et cette chaleureuse sensation de peau à peau lui rappellent la sécurité de l'utérus. Et le rythme du massage lui rappelle celui des battements du cœur de sa maman, sa respiration et ses mouvements, tout ce qu'il connaissait avant de venir au monde.

La force est dans vos mains

En massant votre bébé, vous allez découvrir le pouvoir qui se cache dans vos deux mains : vos mains savent caresser, calmer, réconforter, lui donner confiance en vous et même apaiser ses douleurs. En même temps, vous deviendrez plus sensible aux signaux qu'émet votre enfant, pour comprendre des choses qu'il ne peut pas encore exprimer par des mots.

Même s'ils ne parlent pas, les bébés cherchent à communiquer. Par leur comportement, ils manifestent ce qui leur plaît et ce dont ils ont besoin. Leurs gestes, les expressions de leur visage et même leurs premiers balbutiements nous indiquent ce qu'ils veulent, ne veulent pas et ce qu'ils ressentent comme agréable ou non. La pratique du massage vous permettra de mieux remarquer les signaux que vous envoie votre bébé.

Même les petites caresses peuvent faire des miracles.

La confiance par le contact peau à peau

La personne la plus importante dans la vie d'un nouveau-né est sa mère : d'une part parce qu'elle lui fournit sa nourriture et le soigne, d'autre part parce qu'elle lui procure la sécurité et la relation de confiance dont il a besoin dès le début pour pouvoir se développer harmonieusement. La première année de sa vie, le nourrisson grandit à toute vitesse. Il découvre une quantité énorme de choses nouvelles et doit apprendre et enregistrer tout cela en très peu de temps. Dès le début de sa vie, ce processus d'apprentissage est plus facile s'il éprouve un sentiment de sécurité, s'il se sent protégé. Le lien avec sa mère est la base sur laquelle il s'appuie pour grandir, découvrir son monde et développer d'innombrables capacités nouvelles.

Nouer le contact

Bien que le bébé soit tout petit, une communication non verbale se développe dès sa naissance entre lui et ses parents. Grâce à leurs manifestations de tendresse et aux câlins qu'ils lui prodiguent, une relation s'établit entre eux, qui les lie dès les premiers instants. C'est pour cela qu'on pose souvent le nouveau-né sur la poitrine de la mère le plus vite possible après la naissance, car il peut ainsi continuer à entendre les battements de son cœur, se blottir dans sa chaleur et sentir l'odeur de la peau de l'être humain qui est tout pour lui. Cela permet de vite apaiser le traumatisme de la naissance.

Le massage du bébé est une manière douce, mais intense, de prolonger ce contact peau à peau si important. Naturellement, une mère a l'habitude de câliner son bébé plusieurs fois par jour, quand elle le nourrit, le change ou simplement quand elle joue avec lui. Mais pendant le massage, c'est tout le corps du bébé qui est impliqué et les palpations de sa mère lui permettent de prendre conscience de toutes les parties de son corps. La pratique régulière du massage est une excellente méthode pour approfondir le lien invisible qui relie la mère (ou le père) et l'enfant. Il réduit également les traumatismes de la naissance tout en favorisant la détente et la sérénité.

Quelle chance aussi pour le père !

En aucun cas, le massage du bébé n'est réservé à la mère : c'est aussi une manière idéale pour le père de créer et de renforcer le lien avec son enfant ! La relation avec la mère s'établit quasiment toute seule, surtout quand la maman allaite. Mais pour le père, cela prend parfois plus de temps (et ce n'est pas toujours facile) d'établir une relation intime et un contact étroit avec son bébé, et de vivre ensemble des moments de réelle connexion. Le père peut se sentir un peu perdu : le bébé est tellement petit qu'il semble difficile de jouer avec lui et encore moins de lui parler.

Par le massage, le père peut commencer dès la naissance à établir un contact intime avec son enfant. Il apprend à percevoir et à interpréter son humeur et ses réactions, il constate que ce petit être n'est en réalité pas aussi fragile qu'il en a l'air au premier abord. En retour, le bébé apprend à reconnaître en son père une personne de confiance qui s'occupe de son bien-être. Dans ce livre, on parle surtout de la maman, mais il va de soi que les papas peuvent tout aussi bien effectuer les massages.

Offrir sécurité, chaleur et tendresse

Sécurité, chaleur et tendresse sont vitales pour le bébé dès son entrée dans la vie. Malheureusement, tous n'ont pas la chance de recevoir ces attentions qui leur sont pourtant nécessaires pour se développer harmonieusement. Beaucoup de parents ne sont pas ou sont mal informés à propos des besoins de leur tout-petit. D'autres n'ont pas conscience que c'est de leur amour et de leur attention que leur nouveau-né a le plus besoin dans les premiers mois de sa vie.

Un héritage lourd

Au dix-huitième siècle, en Europe comme dans tout le monde occidental, l'idée s'est répandue que prodiguer trop d'amour et d'attention aux jeunes enfants leur était néfaste et retardait leur éducation. Choyer ses enfants n'était plus bien vu. On essaya alors, avec de l'autorité et de la discipline, d'élever de « petits adultes » qui devaient faire abstraction de leurs besoins en tant qu'enfants. Les câlins, la tendresse et la sécurité ne trouvaient pas beaucoup de place dans ce modèle d'éducation autoritaire et strict. Beaucoup d'enfants devaient se contenter d'être nourris et de rester propres et au sec, et très souvent on décourageait les jeunes mères à leur prodiguer des gestes de tendresse.

Il n'est donc pas difficile d'imaginer quels sentiments de manque ces enfants ont dû éprouver. Un bébé qui n'a encore aucune expérience du monde ne peut l'appréhender que par le contact physique plein d'amour avec sa mère. C'est le meilleur moyen de lui manifester qu'il est le bienvenu et entouré de personnes aimantes.

Des conseils douteux

Quelquefois, les comportements d'hier perdurent : il arrive encore aujourd'hui d'entendre, par exemple, qu'il faut laisser le bébé crier et pleurer tout seul. C'est oublier que le bébé, dans les premiers mois de sa vie, n'a pas d'autre possibilité que de pleurer bien fort pour faire comprendre ses besoins. Comme l'attention et les soins sont vitaux pour lui, il doit informer son entourage, le plus fort possible, qu'il a faim, qu'il doit être changé, ou qu'il a simplement besoin qu'on vienne le voir.

En plus du besoin de nourriture, il lui faut aussi de la tendresse et de l'affection, qui sont vitales pour le nouveau-né. Les bébés qui ne sont pas câlinés, pris dans les bras ou nourris tendrement, ne grandissent pas aussi bien que ceux qui connaissent les contacts physiques et l'attention émotionnelle. Le massage des bébés peut être une première étape dans la transmission de l'amour maternel et de la proximité physique ; il permet de nouer une relation tendre entre la mère et son enfant.

Mais surtout, lorsque cette tendresse s'exprime déjà, les massages réguliers permettent de développer davantage de sécurité affective et de confiance, et viennent renforcer un lien déjà existant de douceur entre la maman et son enfant.

Le contact étroit renforce le lien mère-enfant.

Les bienfaits du massage sur le bébé

Les effets les plus intéressants du massage sur le bébé sont l'intensification et le renforcement de l'attention que sa mère porte à son nourrisson et la consolidation du lien entre elle et lui. Les palpations douces du massage sont comme un baume pour l'esprit de l'enfant : elles lui donnent la sensation d'être protégé par quelqu'un qui s'occupe bien de lui. Les massages l'aident à évacuer ses anxiétés et, au fil du temps, à le rendre plus équilibré, plus ouvert d'esprit et plus sociable.

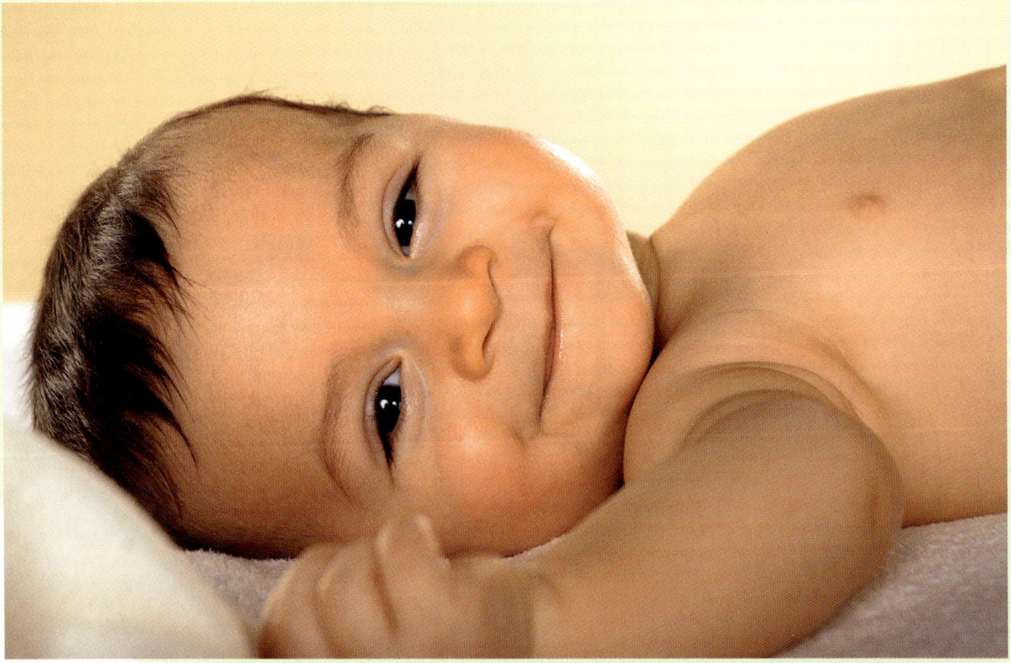

Les petites séances de massage régulières sont une source de bien-être pour le corps et pour l'esprit.

Détendre, fortifier, calmer…

Le massage du bébé agit de manière positive sur son bien-être émotionnel, mais aussi de manière très concrète sur son état physique général :

- Le massage aide le bébé à trouver un rythme de sommeil régulier.
- Les longues manipulations stimulent les sens percepteurs du bébé et spécialement celui du toucher. Les perceptions physiques, les facultés de coordination des mouvements et le développement moteur sont également stimulés par le massage. Cela favorise la sensation d'unité de son corps.
- Le massage améliore la vascularisation de la peau et de la musculature. Les muscles sont soulagés et les tensions corporelles s'effacent.
- Le massage du ventre dans le sens des aiguilles d'une montre a un effet positif sur la digestion. Il apaise les gaz et les coliques, dont les bébés souffrent souvent au cours des premiers mois.
- Le massage régule la respiration du bébé, ce qui permet une meilleure oxygénation de tout l'organisme. Il est donc intéressant de masser régulièrement un bébé.
- Le système immunitaire aussi profite des massages réguliers, car la production d'hormones de stress reste à un niveau moindre.
- Enfin, les bébés qui sont massés régulièrement pleurent et crient moins, sont plus calmes et dorment mieux. Cela a été prouvé par diverses études scientifiques. L'effet modérateur du massage sur la production d'hormones de stress, comme le cortisol, a été également prouvé scientifiquement.

Des caresses pour le prématuré

Des études américaines ont montré que les prématurés qui étaient massés tous les jours prenaient du poids plus vite et devenaient plus actifs et plus joyeux que les bébés que l'on ne massait jamais. D'un point de vue neurologique, on a constaté qu'ils se développaient mieux et plus vite, pouvant ainsi quitter la maternité plus rapidement. En Europe, de plus en plus de maternités reconnaissent que le contact peau à peau, les caresses et la tendresse font un bien considérable aux bébés nés prématurément. Dans leur cas, le contact physique avec leur mère est encore plus intense s'ils sont doucement massés et caressés.

La peau, porte d'un monde sensuel

Les massages favorisent la croissance physique du bébé, apaisent les petits maux de tous les jours et lui permettent de se détendre. En même temps, ils favorisent l'éveil et le développement intellectuel, car ils agissent aussi sur le cerveau. Les synapses, qui sont des connexions neuronales, sont stimulées par les palpations et les pressions du massage et cela renforce la prise de conscience corporelle du bébé.

Au cours de leurs premiers mois, les nouveau-nés ont besoin d'apprendre que les petites mains et les petits pieds qui entrent sans cesse dans leur champ visuel leur appartiennent et font partie de leur corps. Et une bonne prise de conscience des diverses parties de leur corps est l'assurance,

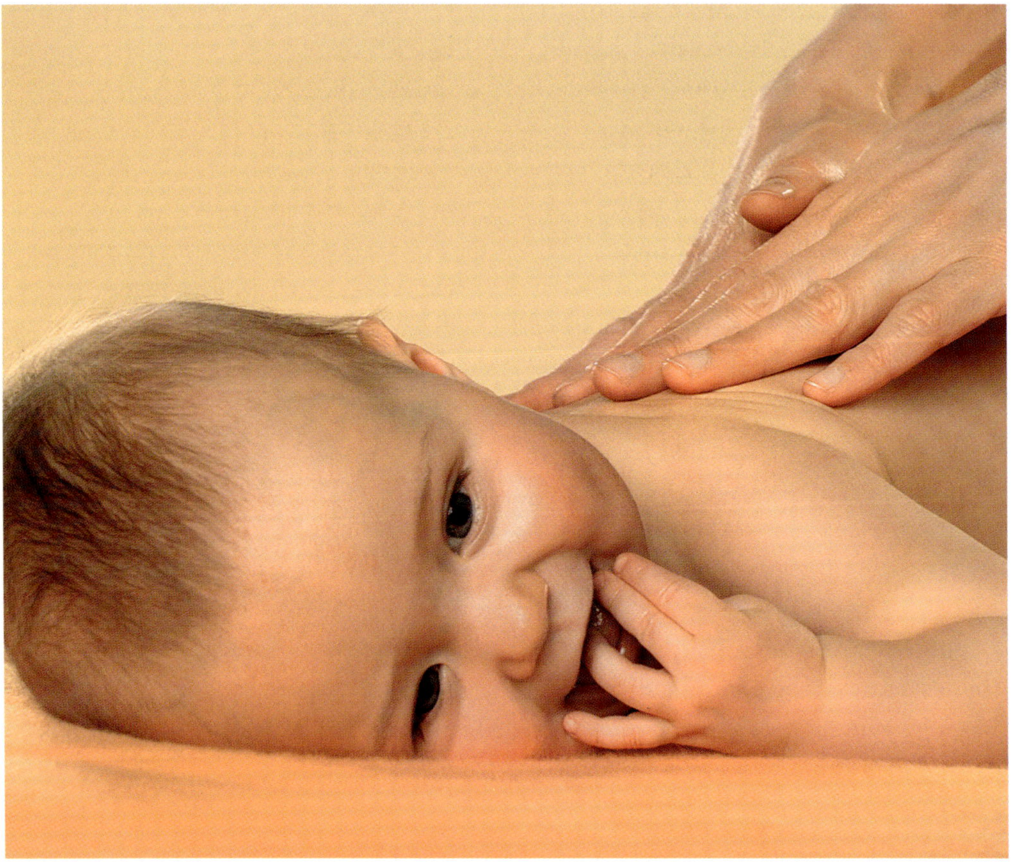

Les massages tendres font du bien à la mère et à l'enfant.

plus tard, d'une bonne coordination des mouvements. Le massage aide le bébé à mieux percevoir son corps. Il l'entraîne à la perception des sensations de la peau et, une fois que celle-ci ressent le toucher pratiqué, cela permet aux connexions nerveuses de se former en créant de nouveaux axes neuronaux dans le cerveau.

La maturation de ses fonctions sensorielles et motrices est la première étape vers le développement des capacités physiques et intellectuelles du bébé. Le fait de le masser régulièrement est une méthode naturelle qui permet de renforcer ce processus.

Les bienfaits sur la maman

Il n'y a pas qu'au bébé que ces massages font du bien, ils ont également des effets positifs sur la maman. Car le lien mère-enfant ne se construit pas d'un coup de baguette magique. Toutes les femmes n'ont pas l'amour maternel prêt à fonctionner dès la naissance, d'autant plus que le bébé qui arrive n'est pas celui qu'elles ont imaginé pendant leur grossesse, mais un inconnu. Par ailleurs, la fatigue et les douleurs qu'elles peuvent ressentir, ainsi que les éventuels soucis de santé de leur enfant, peuvent amener certaines mères à ne plus voir les choses d'un œil positif après l'accouchement.

Le lien entre la mère et l'enfant se fait souvent rapidement grâce à l'allaitement. De plus, la mère qui s'occupe de son bébé apprend ainsi à mieux le connaître de jour en jour. Tous deux finissent par trouver un rythme commun. Les massages du bébé renforcent ce processus de manière fondamentale. On a ainsi pu prouver que les mères souffrant de dépression post-partum (le baby-blues) s'en remettaient plus rapidement grâce au massage de leur bébé et développaient une meilleure interaction avec leur enfant.

Confiance en soi et harmonie

En pratiquant régulièrement le massage de son bébé, la mère renforce la confiance en elle-même quant aux soins qu'elle prodigue. Par les palpations et l'observation, elle apprend à reconnaître rapidement les préférences de son enfant. Une mère qui masse son bébé est naturellement plus attentive à ses besoins et les signaux qu'il envoie lui semblent plus simples à décrypter.

Spécialement quand il s'agit d'un premier enfant, et surtout quand la mère est très jeune, masser son bébé facilite l'apprentissage et la gestion de cette situation nouvelle. Toutes les mères apprécient de savoir qu'il est si facile de faire quelque chose de bon pour leur enfant. En apprenant à mieux connaître le langage corporel de leur bébé, elles sont à même de mieux réagir quand il pleure ou crie.

Le massage de bébé étape par étape

All you need is love

Pour faire un massage à votre bébé, il ne vous faut presque rien : les « ingrédients » les plus importants sont l'amour, la tendresse et un peu d'empathie. Vous pouvez donc pratiquer un massage sans que cela demande beaucoup de préparation. Massez donc votre bébé chaque fois que vous en avez envie, et si votre bébé en a envie aussi, naturellement. Mais il va falloir trouver un lieu

Amour et tendresse sont les principaux « ingrédients » du massage.

tranquille où vous pourrez vous concentrer sur votre bébé sans être dérangée : pourquoi pas à l'hôtel pendant les vacances ou quand vous êtes en visite chez des amis ou dans la famille ? Les bébés apprécient aussi les massages quand ils sont au parc avec leur maman, ou dans la baignoire.

Créer l'atmosphère favorable

En Inde, les bébés sont massés un peu partout, que ce soit dans la rue ou au marché. Et tant pis si l'ambiance turbulente autour du bébé n'est pas idéale : pour le bébé, l'important est d'être touché par sa mère et d'être le centre de son attention, sans laquelle aucun bébé ne peut réellement bien se porter.

Au calme, l'un pour l'autre

Comme l'intimité et la tranquillité revêtent plus d'importance dans les pays occidentaux, trouvez un lieu qui soit une oasis de calme pour pouvoir rester un moment seule avec votre bébé. Avant tout, prenez votre temps et créez un moment de paix pour pouvoir vous concentrer totalement sur les réactions de votre bébé. Les bébés, surtout au cours de leurs toutes premières semaines, alors qu'ils sortent à peine du ventre maternel si protecteur, trouvent particulièrement désagréable de se retrouver confrontés au bruit et à l'agitation. Il est donc fondamental d'isoler au maximum les nourrissons des bruits que produit le monde extérieur tant qu'ils sont très petits. Même en Inde, dans les semaines qui suivent la naissance, les mères essaient traditionnellement de maintenir leur bébé au calme et dans une pièce peu éclairée où peu de personnes entrent. Essayez donc au maximum de garder votre nouveau-né dans la sérénité d'un lieu calme pour vous deux, jusqu'à ce qu'un rythme commun soit installé.

Une pause dans la vie quotidienne

Notre monde moderne offre peu de possibilités de prendre du recul et de se reposer. C'est pour cela qu'il est d'autant plus important de faire du moment du massage un moment de paix, un temps qui va être consacré uniquement à vous et à votre bébé. Il y a déjà ses tétées et les moments où vous le changez, bien sûr, mais les massages sont une occasion fabuleuse de vous consacrer entièrement à votre enfant, de lui faire du bien et de partager un temps ensemble. Vous lui offrez du bien-être pur et toute votre tendresse à chaque palpation ou pression que vos mains exercent. De plus en plus de mères ne considèrent plus les massages comme un soin de plus, mais comme une pause-câlin, qui offre de la détente et de la sérénité à leur bébé et leur permet de réagir en toute quiétude aux tracas de la vie familiale.

Astuces pour la préparation

- Pour le massage de votre bébé, il vous faut essentiellement une serviette épaisse et moelleuse sur laquelle allonger votre tout-petit et une bonne huile de massage. N'oubliez pas de retirer vos bagues ou bracelets qui risqueraient d'être désagréables, voire de blesser votre bébé.
- Aux cours de massage, on enseigne souvent aux mamans d'allonger leur bébé sur leurs jambes tendues, elles-mêmes étant assises par terre. C'est ainsi que font les mères indiennes. Le bébé ainsi allongé est stable et au chaud, mais on oublie que, si les femmes indiennes ont l'habitude d'être assises par terre, nous sommes plutôt habituées à nous asseoir sur des chaises et que nous ne réussissons pas longtemps à rester confortablement assises sur le sol. Or, pour bien masser, vous devez être détendue. Recherchez donc une position qui vous soit confortable.

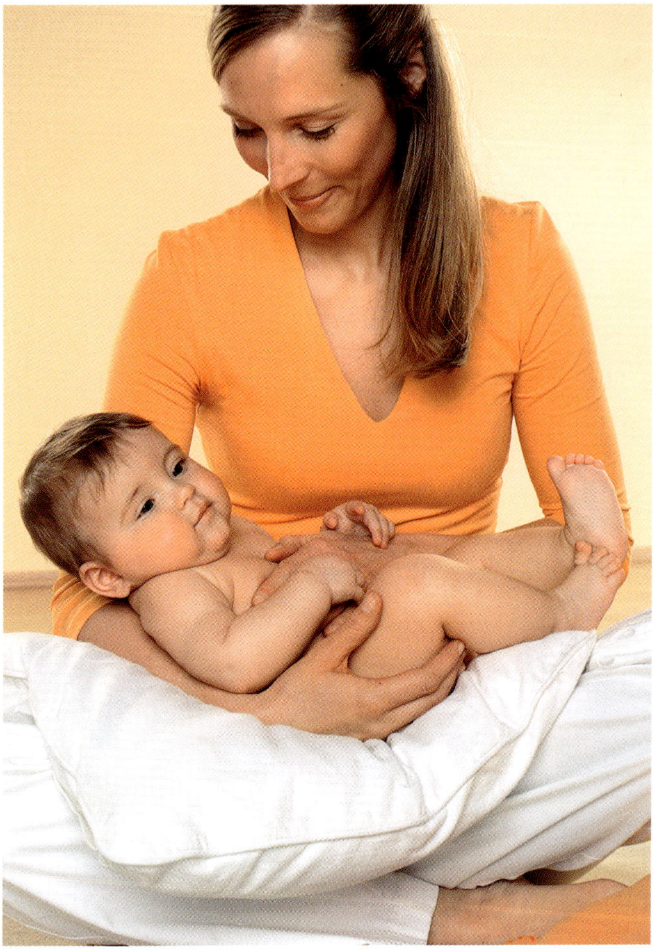

Que le bébé soit par terre ou sur sa table à langer, il faut surtout que l'installation soit confortable pour vous.

- Si vous choisissez de masser votre bébé allongé sur vos jambes tendues, vous trouverez sans doute plus confortable de vous adosser à un gros coussin plaqué contre un mur. Mais vous pouvez aussi vous asseoir en tailleur et poser votre bébé sur un coussin bien calé entre vos jambes. Vous pouvez aussi installer votre bébé sur votre lit pour qu'il ait la possibilité, en grandissant, de se retourner en toute sécurité.

- En cas de mal de dos, n'hésitez pas à pratiquer les massages sur la table à langer (à bonne hauteur, de façon que vos épaules soient relâchées et que vous ne soyez pas penchée en avant) ou sur une surface équivalente. Mais veillez bien à ce que le bébé soit en sécurité et ne le laissez jamais tout seul, même une seconde ; vous devez toujours garder une main sur lui. L'huile de massage et tout ce dont vous avez besoin doivent être à portée de main, sans que vous ayez besoin de vous déplacer.

À ne pas oublier : chaleur et lumière douce !

- Comme le bébé est tout nu pendant le massage, il faut maintenir la pièce à une température suffisante (entre 28 °C et 35 °C) pour qu'il ne prenne pas froid. Si vous ne voulez pas chauffer autant la pièce, branchez un petit radiateur soufflant, sans que l'air arrive sur votre bébé. Vous pouvez aussi couvrir d'une couverture moelleuse les parties de son corps que vous n'êtes pas en train de masser. Pendant les belles journées d'été, vous pouvez masser votre bébé dehors à l'abri du vent et, bien sûr, des rayons directs du soleil.
- Pensez à la lumière pendant le massage : elle doit être douce et atténuée pour favoriser la relaxation. Recouvrez l'abat-jour pour que votre bébé ne reçoive pas la lumière dans les yeux.

Un îlot de sérénité

Pour en faire une pause encore plus intense dans la vie quotidienne, vous pouvez créer une ambiance encore plus relaxante avec un peu de musique douce et un parfum délicat qui rehaussent la sensation de bien-être. Mettez de la musique douce en modérant beaucoup le niveau sonore. Les huiles essentielles sont idéales pour l'ambiance olfactive (mais attention, maximum 1 ou 2 gouttes !) ; vous pouvez faire brûler l'huile utilisée pour le massage, parfumée par exemple à la rose, à la lavande ou à la camomille (voir p. 31).

Conseil

Faites le massage sur une alèse ou un molleton imperméable et prévoyez une couche ou une serviette de toilette à portée de main : il n'est pas rare que la détente apportée par le massage donne au bébé une envie soudaine de faire pipi !

Faites-vous confiance ! Le massage intuitif

Pendant que vous massez votre bébé, ne cherchez pas à avoir une technique de massage parfaite : si vous êtes détendue et calme, tout se passera bien. Concentrez-vous tranquillement sur les palpations présentées ici, jusqu'à ce que vous réussissiez à les pratiquer sans problème - ensuite, oubliez la théorie ! Plus que la technique, ce sont l'intuition et le fait d'être à l'unisson dans les sensations qui comptent. Les conseils suivants devraient vous aider.

En rythme avec votre respiration

Dans votre ventre, votre enfant vivait au rythme des battements de votre cœur et de votre respiration. Essayez de faire correspondre les mouvements du massage avec votre cadence respiratoire. Il est particulièrement agréable d'être manipulé sur un rythme lent et régulier.

Soyez attentive

Pendant le massage, faites attention à votre bébé, mais aussi à vous-même. Votre intuition vous indiquera parfaitement comment votre bébé réagit à votre massage ; c'est pourquoi il faut que vous restiez attentive. Une bonne concentration vous sera très utile. Veillez donc à vous maintenir dans une position confortable pour vous, afin de ne pas vous crisper et de pouvoir garder une position de massage décontractée jusqu'à la fin. Si vous commencez à vous sentir moins confortablement installée, terminez la séance de massage.

Observez ses réactions

Votre bébé va vous donner des signaux utiles pendant le déroulement du massage. Par son comportement, les expressions de son visage et les bruits qu'il émet, il peut beaucoup partager avec vous pour vous montrer ce qu'il ressent lors du massage. Mais cela ne veut pas dire qu'il faille mettre fin à la séance au premier signal déplaisant ; il arrive que les tout-petits n'aiment pas une pression en particulier, ou qu'une manipulation du massage ravive un traumatisme de la naissance ou une expérience déplaisante. Si vous avez l'impression que votre bébé ne réagit pas bien à une partie précise du massage, soyez spécialement attentive à ce point. De séance en séance, passez peu à peu dans cette zone des simples effleurements aux palpations classiques. Cela vous permettra d'aider votre enfant à vaincre une expérience désagréable et à se détendre grâce à votre toucher.

Découvrez la lenteur

Le massage de votre bébé doit toujours se faire lentement et dans la plus grande sérénité. Les manipulations rapides faites à la hâte ne lui feront aucun bien et, au contraire, l'agiteront. Plus vos mains vont lentement, plus il enregistre leurs mouvements avec intensité. C'est pourquoi un massage lent de quelques manipulations est bien plus utile que l'application de toutes les techniques possibles à la va-vite ou de façon désordonnée. Le massage doit être aussi agréable à donner qu'à recevoir. Pratiquez de longues pressions et palpations lentes et en phase avec la respiration : vous aurez la certitude de faire un travail relaxant d'une réelle efficacité.

Partagez votre sérénité

Les bébés ont l'oreille incroyablement fine quand ils entendent la voix de leur mère ou celle de leur père. S'ils la perçoivent décontractée, ils prennent le monde pour amical. Mais plus les parents sont stressés et inquiets, plus l'enfant va réagir avec des manifestations de nervosité et en se contractant. Montrez à votre bébé, en transmettant votre sérénité, que le massage est un moment agréable.

Le massage est source de détente et de bien-être.

Des huiles douces pour sa peau tendre

L'huile de massage permet à vos mains de glisser sur le corps de votre bébé et d'exercer des pressions douces sans irriter la peau. La peau des bébés est cinq fois plus fine et beaucoup plus sensible que celle des adultes. Le choix d'une bonne huile de massage est essentiel. En général, les huiles de massages sont constituées d'une huile de base, spécialement adaptée à la peau du bébé, et d'huiles essentielles qui donnent à l'huile de massage son parfum et son efficacité.

Les huiles de bonne qualité cajolent la peau et l'esprit.

Est-ce vraiment une bonne huile ?

Comme huile de massage pour votre bébé, n'utilisez que des huiles de plantes naturelles de première pression à froid et de préférence issues de l'agriculture biologique. Les huiles à base minérale (« babyoil ») et issues de la pétrochimie (contenant de la paraffine par exemple) sont contre-indiquées, car elles bouchent les pores et peuvent laisser la peau très sèche.

Le choix des huiles essentielles est également très important : il ne faut pas les confondre avec de simples huiles parfumées, dont la fabrication est artificielle et qui ne conviennent pas à l'application sur la peau ! Les véritables huiles essentielles coûtent cher car leur processus d'élaboration est difficile, mais il est primordial d'acheter de la qualité.

Souhaitez-vous acheter un mélange d'huile de massage tout prêt ou préférez-vous le faire vous-même ? Nous vous conseillons la première option. En effet, les parents, voulant faire au mieux, mettent souvent trop d'huile essentielle sur la peau de leur bébé, arrivant parfois à des brûlures, ou associent des huiles non compatibles. Le mieux est d'acheter des mélanges déjà préparés par des laboratoires et spécifiquement formulés pour les bébés.

Question de dosage

Cependant, si vous choisissez de faire votre mélange vous-même, lisez attentivement ce qui suit. Les huiles de plantes non traitées fournissent à la peau des acides gras insaturés, des vitamines, des minéraux et des éléments traces. Ils pénètrent profondément dans le derme et participent à son fonctionnement. En ajoutant 1 ou 2 gouttes (maximum !) d'huile essentielle à l'huile de massage, vous pouvez choisir ses caractéristiques curatives précises qui, de plus, laisseront une senteur parfumée sur le corps de votre bébé.

Mais il est nécessaire de prendre beaucoup de précautions. Les huiles essentielles sont à éviter sur un nouveau-né. La peau du nourrisson a besoin de temps pour développer toutes ses fonctions. Il vaut mieux attendre que l'enfant ait plusieurs mois. Les huiles spéciales pour bébé répondent aux besoins spécifiques de la peau des nouveau-nés et celles que nous indiquons ici, huiles et huiles essentielles, sont généralement bien tolérées. Pour masser les sujets à peau très fragile et les très petits bébés, il est recommandé d'utiliser une huile de massage pure et de très bonne qualité, sans ajouter d'huile essentielle. Dans tous les cas, n'en mettez pas plus que nécessaire, juste ce qu'il faut pour que vos mains glissent bien sur la peau. Soyez cependant vigilante et surveillez les réactions cutanées de votre bébé.

Avocat, jojoba & Cie – les meilleures huiles de base

Les huiles végétales suivantes sont spécialement recommandées pour les bébés :

- **L'huile d'avocat** protège la peau de la sécheresse et s'étale facilement. Elle laisse la peau souple et contient de nombreux principes curatifs. Elle se conserve bien pendant quelques mois au frais et à l'abri de la lumière.

- **L'huile de noyau d'abricot** ne se conserve pas longtemps en raison de sa forte teneur en acides gras insaturés, mais elle est particulièrement bien adaptée aux soins de la peau. De fragrance douce et fruitée, elle renferme beaucoup de vitamines précieuses.

- **L'huile de jojoba** est une cire qui devient liquide à une certaine température. Elle n'a pratiquement pas d'odeur et se conserve très longtemps, ce qui en fait une excellente base pour y ajouter une huile essentielle. L'huile de jojoba protège la peau de la sécheresse sans déposer de film gras dessus.

- **L'huile de germe de blé** est souvent utilisée comme huile de soin, car elle contient beaucoup de vitamine E qui soigne et protège la peau. À forte concentration, elle peut légèrement colorer de rouge-brun la peau et les vêtements. Son odeur étant assez prononcée, on la mélange souvent à d'autres huiles de base.

- **L'huile d'amande douce** s'étale très facilement. Mais attention, l'huile d'amande douce peut être allergisante chez certains bébés. N'utilisez qu'une huile bio de première pression à froid. Évitez-la si votre bébé a déjà une allergie connue (alimentaire, cutanée...).

Lavande, rose, fenouil – l'utilisation des huiles essentielles

Il ne faut pas mettre directement sur la peau les huiles essentielles non diluées car elles peuvent irriter et provoquer des réactions allergiques.

Les huiles essentielles sont des essences de fleurs, de feuilles ou de fruits de plantes particulières ; elles sont souvent obtenues par distillation à la vapeur. En général, il faut plusieurs kilos de la partie de la plante concernée pour obtenir quelques gouttes d'huile essentielle, ce qui explique que ce soient des produits chers à l'achat quand ils sont de bonne qualité. Comme on n'en utilise qu'un tout petit peu parce que leur

De nombreuses huiles essentielles sont apaisantes et calmantes.

principe actif est très puissant, leur prix reste toutefois acceptable. Dans l'huile de massage de votre bébé, il ne doit y avoir que des huiles essentielles qui sont toujours supportées par les tout-petits. Malheureusement, beaucoup d'essences végétales sont contre-indiquées avant un certain âge à cause du contact direct avec la peau. Les huiles essentielles suivantes ne devraient pas poser de problème :

- **La lavande** *(Lavandula officinalis)* est apaisante et décontractante ; elle favorise la relaxation. Elle renforce les effets bénéfiques du massage sur le sommeil.

- **La rose** *(Rosa damascena)* est une des huiles essentielles les plus riches. Elle procure une sensation d'harmonie et de bien-être tout en favorisant le calme et l'équilibre.

- **Le fenouil** *(Foeniculum vulgare dulce)* facilite la digestion et régule le travail des intestins. Il a aussi des effets apaisants et équilibrants.

- **La camomille romaine** *(Chamaemelum nobile / Anthemis nobilis)* renforce le bien-être et facilite l'endormissement. Elle est également décontractante et peut atténuer les effets des rhumes.

- **La vanille** *(Vanilla planifolia)* stimule l'appétit. Sa senteur douce et sucrée met de bonne humeur et combat l'anxiété.

Huiles de massage à faire soi-même

Pour leur bébé, beaucoup de parents font confiance aux produits de massage tout prêts dont il existe un vaste choix. Lors de l'achat, il faut cependant vérifier qu'il s'agit d'une huile de bonne qualité ; ses composants doivent être naturels, de préférence issus de l'agriculture biologique et sans parfum ajouté, sans conservateurs ni autres adjuvants chimiques. Les « baby-oils » à base minérale ne conviennent pas pour le massage des bébés. On les reconnaît aux mentions suivantes sur la liste des composants : huile minérale, paraffine, cire paraffine, huile de paraffine, petrolatum, cire microcristalline ou *Cera microcristallina*, ozokérite ou cérésine.

Trouver le bon mélange

Principe de base : plus le bébé est jeune, moins le mélange de massage doit contenir d'huile essentielle. Le sens olfactif du bébé est en effet encore plus développé que celui d'un adulte. Les petits perçoivent très intensément les odeurs douces et, comme le parfum persiste longtemps après le massage, il finit par devenir désagréable pour le bébé.

Ne préparez pas plus de 100 ml d'huile de massage à chaque fois, car les composants souffriraient d'une trop longue conservation. De plus, vous pourrez modifier la composition plus souvent. Il suffit de mélanger une seule huile essentielle à une huile de base. Si vous le souhaitez, vous pouvez essayer les mélanges suivants, en sachant qu'il ne faut jamais mélanger plus de deux huiles de base et plus de deux sortes d'huiles essentielles.

Mélanges tout doux pour peaux toutes tendres

- **Pour bien dormir :** 1 goutte de rose et 1 goutte de camomille romaine dans 50 à 100 ml d'huile d'amande douce.

- **Pour la relaxation :** 1 goutte de camomille romaine et 1 goutte de lavande dans 50 à 100 ml d'huile de noyau d'abricot ou d'amande douce.

Recette de base d'huile de massage pour bébé

Dans 100 ml d'huile de base, ajoutez 1 à 3 gouttes maximum d'huile essentielle. S'il en reste après le massage, vous pouvez la conserver quelques jours au réfrigérateur dans une bouteille opaque ou colorée.

Il faut absolument vérifier la tolérance par la peau de votre bébé !
Les huiles présentées ici sont habituellement bien tolérées par la peau. Malgré tout, avant toute utilisation, il faut vérifier que votre bébé n'y réagit pas de manière allergique. Pour cela, posez une goutte du produit au creux du bras de votre enfant et attendez pendant 10 à 15 minutes. À la moindre rougeur, vous saurez qu'il ne faut en aucun cas utiliser ce produit pour masser votre bébé !

Attention : il ne faut jamais utiliser de produit de massage contenant de l'huile essentielle autour et sur le visage !

- **Pour la bonne humeur :** 1 goutte de rose et 1 goutte de vanille dans 50 à 100 ml d'huile de jojoba ou un mélange d'huile de jojoba et de germe de blé dans la proportion de 3 pour 1.
- **Pour stimuler l'appétit :** 1 goutte de vanille et 1 goutte de fenouil dans 50 à 100 ml d'huile d'avocat, de noyau d'abricot ou d'amande douce.

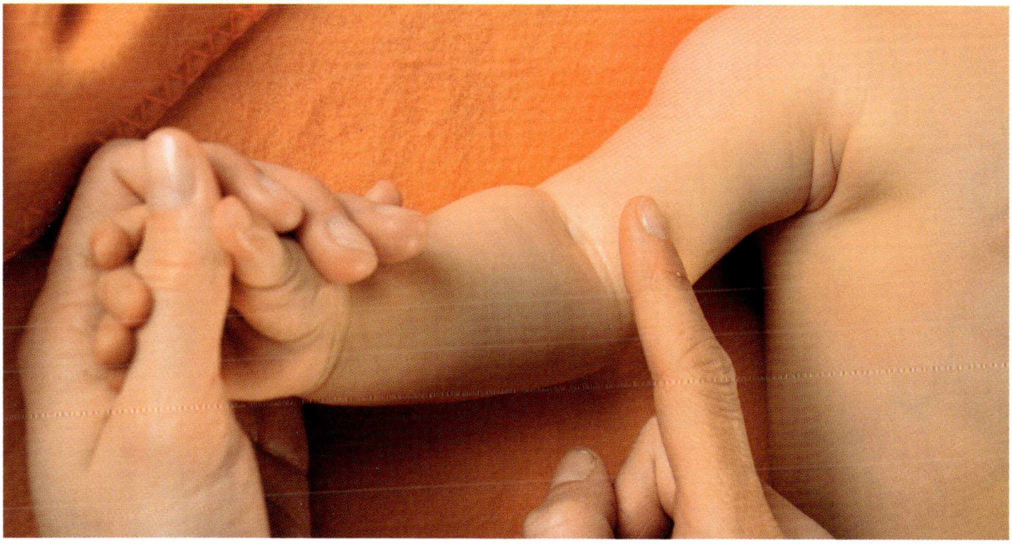

Pratiquez toujours un test d'allergie préalable au creux du bras.

La séance de massage

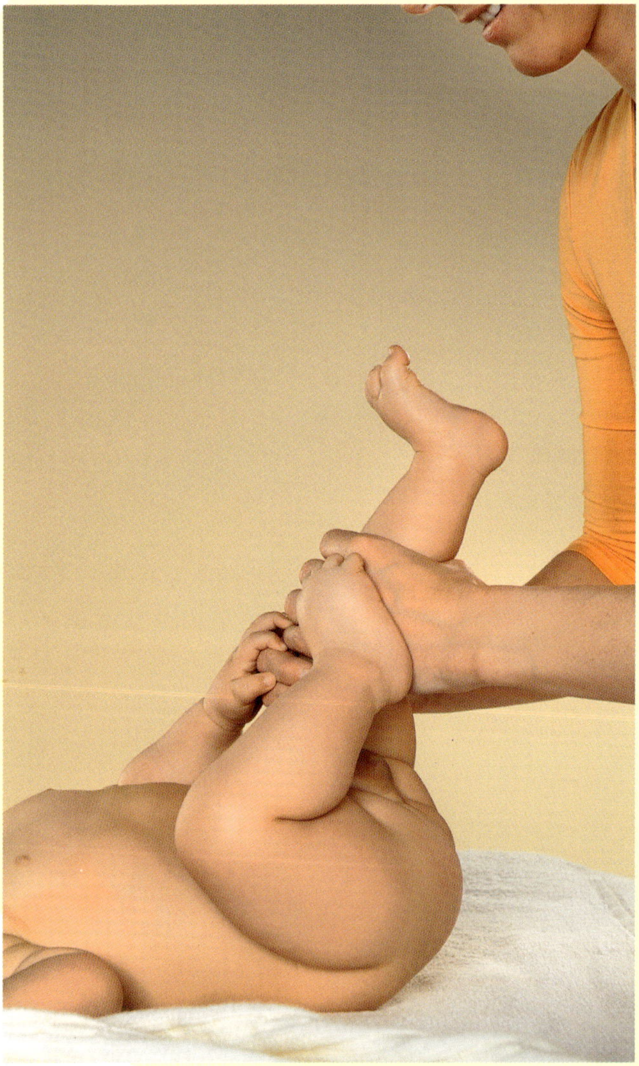

Quelques règles simples facilitent les choses.

Vingt minutes de massage constituent une séance très agréable pour votre bébé et vous-même, au cours de laquelle vous pouvez vous occuper de lui tranquillement. Chez le nouveau-né, cinq à dix minutes sont même suffisantes. Il ne reste plus que quelques points à étudier avant de passer à la pratique.

Le bon moment

On conseille souvent de ne masser son enfant que lorsqu'il n'est pas fatigué (les enfants sont souvent fatigués après le bain), n'a pas faim, ne vient pas de manger, est de bonne humeur - et de préférence tous les jours à la même heure. Si vous deviez observer tous ces principes, vous ne trouveriez pas souvent le bon créneau horaire !

Attention, ne pas masser !

Les raisons suivantes interdisent de pratiquer le massage :

- Votre bébé a de la fièvre ou sa peau est irritée.
- Votre bébé a beaucoup mangé ou bu juste avant.
- Votre bébé se débat énergiquement, pleure fort et s'agite beaucoup.
- Il n'est pas possible d'atteindre la température nécessaire dans la pièce.
- Vous-même êtes énervée, stressée ou de mauvaise humeur (c'est peut-être votre partenaire qui fera le massage, dans ce cas).

Naturellement, il y aura des moments où vous vous sentirez moins détendue qu'à d'autres pour masser votre bébé, par exemple s'il n'arrête pas de pleurer pour une raison inconnue. Mais c'est justement dans ce genre de situation que le massage vous détendra ainsi que votre bébé et vous fera vraiment du bien.

Bébé a-t-il envie d'être massé ?

C'est grâce à votre intuition que vous saurez si votre bébé peut bénéficier d'un massage, car personne ne connaît aussi bien votre enfant que vous. Si, depuis le début, vous vous êtes habituée à observer ses réactions et son langage corporel lors des séances de massage, vous remarquerez immédiatement s'il se réjouit de vos manipulations ou s'il a plutôt besoin de tranquillité. S'il veut momentanément arrêter la séance, il va sans doute se mettre à protester en criant ou en se tortillant, va se frotter le visage, tourner sa tête ou mettre ses petites mains et ses petits pieds en avant pour vous empêcher de le toucher.

Quelquefois, un peu plus de chaleur ou un lieu plus confortable, ou encore juste quelques câlins avant de commencer le massage, facilitent bien les choses. Surtout au tout début, quand il s'agit des premières séances, votre bébé ne sait pas à quoi s'attendre et il ne sait pas encore comment y réagir. Dans ce cas, commencez tout doucement, ne massez que ses pieds et ses mains un bref moment ; la fois suivante, ajoutez le massage de ses petits bras et jambes avant d'étendre peu à peu les séances aux autres zones. Dès qu'il s'est habitué à ces manipulations, vous pouvez rapidement pratiquer des massages complets.

Faire confiance à son intuition

Le manque de confiance en soi et l'inquiétude rendent souvent la première approche difficile pour les parents, surtout lorsqu'il s'agit de leur premier enfant. Ils manquent de décontraction et d'assurance. Peut-être que vous aussi, vous trouvez difficile de montrer votre tendresse et tout votre amour. Les pères et les mères doivent d'abord apprendre et reconnaître les besoins de leur bébé pour pouvoir les satisfaire. Encore une situation où le fait de masser son bébé permet de développer la confiance en soi.

Un programme personnel

Il est nécessaire que le massage ne suive pas une règle de travail fixée une fois pour toutes dans laquelle chaque étape serait régie par un programme définitif. Il n'existe pas de « bonne » méthode pour masser son bébé ; ce qui compte vraiment est que chaque manipulation soit une source de bien-être et transmette de l'amour et de l'attention. Dans ce livre, vous allez apprendre toute une série de manipulations qui pourront vous servir de fil conducteur. Mais en aucun cas elles ne constituent un programme fixe à suivre absolument, ce sont plutôt de simples suggestions destinées à permettre à votre bébé de se détendre et de trouver du bien-être.

Donner de l'amour dès le début

En Inde, les bébés sont massés dès le premier jour de leur naissance, même si c'est fait de manière très brève. De même, selon comment vous vous sentez et en fonction de la réceptivité de votre bébé, vous pouvez commencer à pratiquer quelques manipulations peu de jours après sa naissance. Les quatre premières semaines, les massages ne concernent pas tout le corps et restent concentrés sur les zones des mains, des pieds, des bras, des jambes et du dos, et leur durée ne doit pas dépasser 5 à 10 minutes. À cet âge, massez particulièrement lentement, doucement, très tendrement. Plus tard, vous pourrez peu à peu prolonger les séances et les faire durer jusqu'à 20 à 30 minutes, et masser toutes les parties du corps. À ce moment, vous aurez déjà bien pris confiance en vous et vous saurez quelles régions sont agréables à votre bébé, ce qu'il préfère qu'on lui touche et comment, et au fil du temps vos massages pourront devenir plus intenses.

Le massage parfait

Le massage parfait est celui au cours duquel les besoins de votre bébé sont complètement satisfaits. Les pages suivantes vous montrent les étapes pas à pas du massage de la tête jusqu'aux pieds. Mais il faut respecter une règle élémentaire : vous pouvez suivre cet ordre ou vous pouvez ne pas le suivre. Vous pouvez décider de chercher d'autres manières de manipuler votre

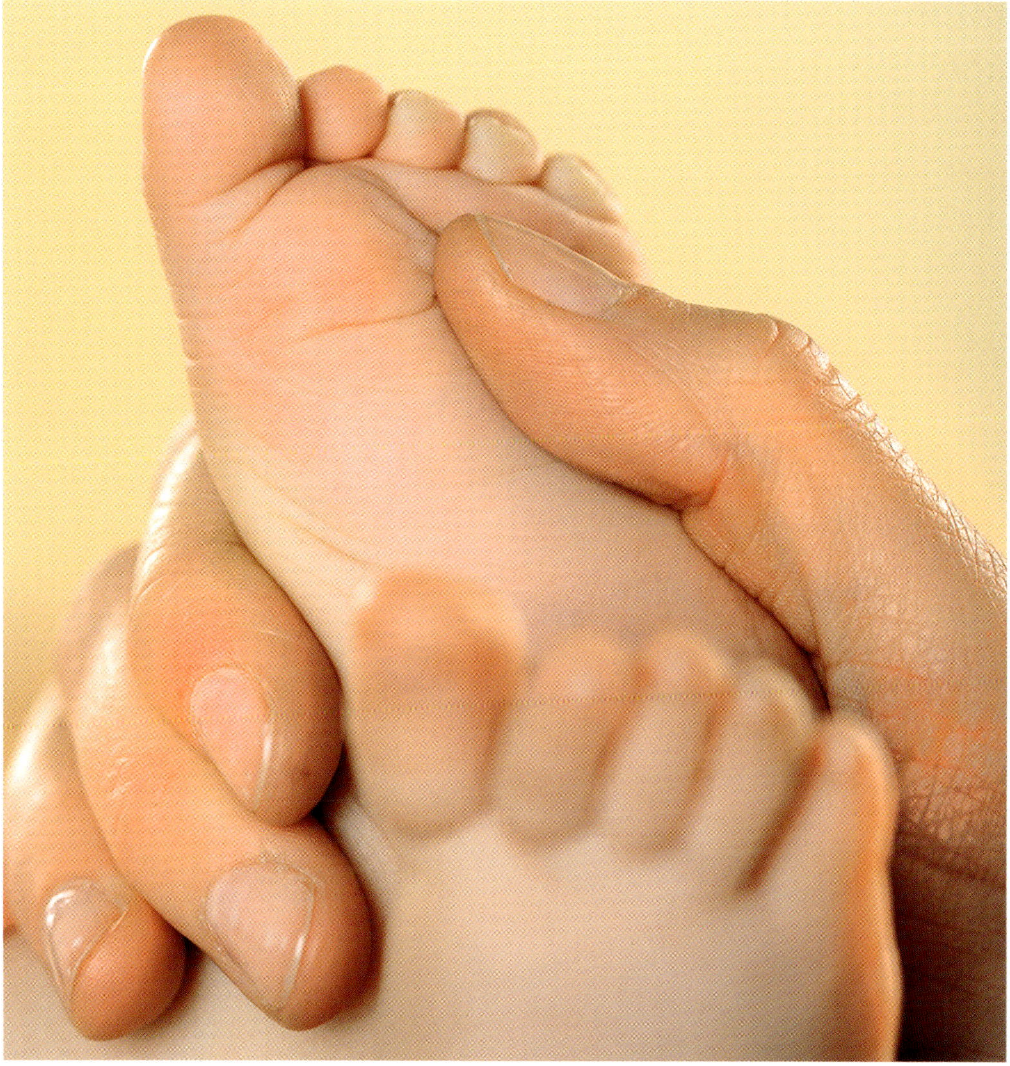

La règle d'or du massage du bébé : ce qui fait du bien est autorisé.

bébé, qui lui plaisent plus et qui vous semblent plus faciles, par exemple en matière de prise en main – l'important est que vous et votre bébé soyez satisfaits et que vous vous sentiez bien ! Plus que la technique, c'est ce que vous transmettez par le massage qui est important. L'oubli d'une manipulation ou une erreur technique ne sont pas tragiques. Ça ne devient un problème que si vous perdez votre calme.

Quelles précautions prendre ?

Pour réussir le massage, il faut observer les points suivants, qui sont importants.

Les mains toujours chaudes

Le massage ne peut être un plaisir pour votre bébé que si vous avez les mains chaudes - personne n'apprécie qu'on lui passe des doigts froids sur la peau ! Avant de commencer le massage, faites donc

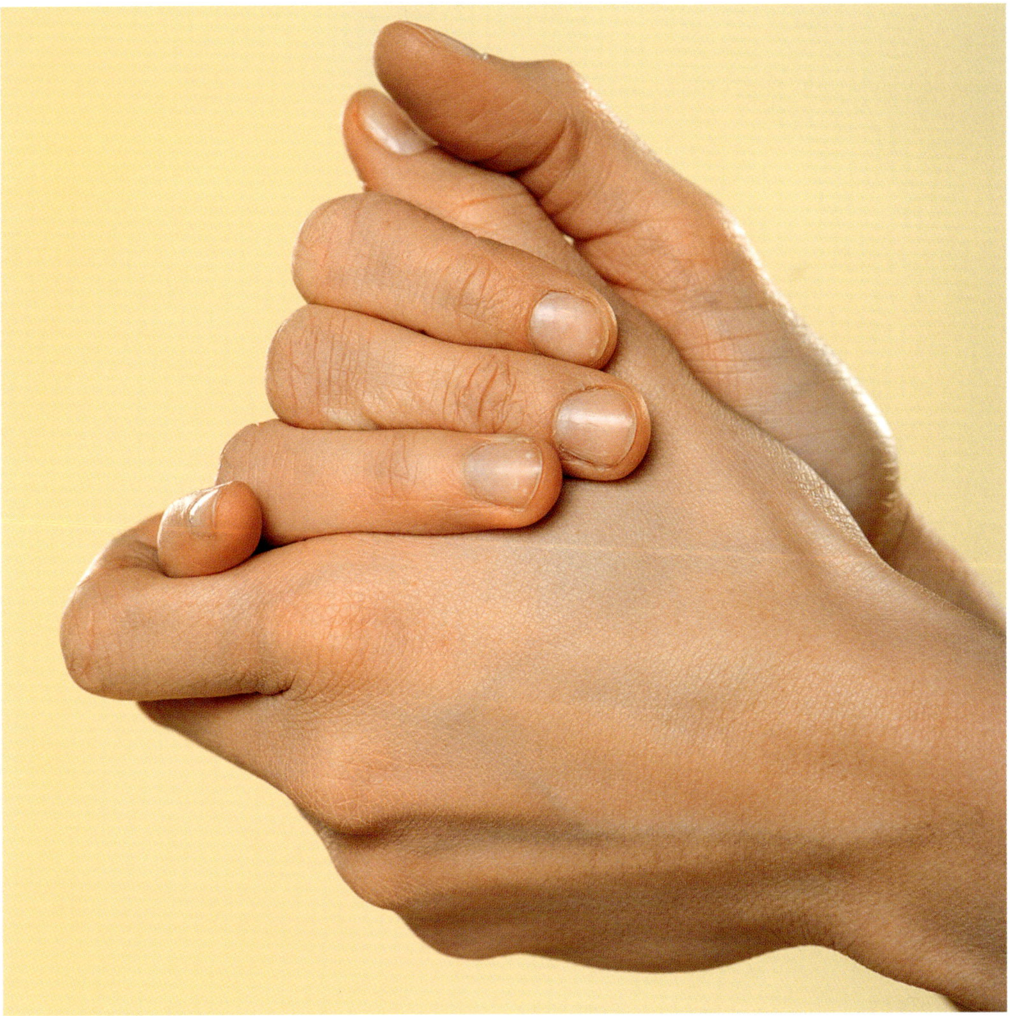

Frottez-vous les mains pour les réchauffer avant de commencer le massage.

en sorte de vous réchauffer les mains ; le mieux est de les frotter vigoureusement l'une contre l'autre comme pour les pétrir ou les malaxer. Si cela ne suffit pas, trempez-les dans l'eau chaude pour les amener à la bonne température.

Stimulant ou apaisant ?

C'est vous qui devez décider si le massage que vous allez pratiquer sera plutôt tonique ou plutôt apaisant. Avant de commencer, il faut savoir que les mouvements qui partent du cœur vers les extrémités stimulent et ceux qui, en sens inverse, reviennent vers le centre du corps calment. Normalement, le massage d'un bébé consiste plutôt en manipulations apaisantes, car les effleurements et les palpations sont déjà un peu dérangeants pour un si petit organisme. Mais si votre bébé apprécie bien ces massages et que vous vous sentez déjà expérimentée dans l'observation de ses réactions, vous pouvez de temps en temps, par exemple le matin, exercer quelques pressions stimulantes au cours de son massage.

De la tête aux pieds

On ne conseille les massages de tout le corps que lorsque le nourrisson a déjà au moins quatre semaines. Si votre bébé manifeste du plaisir au massage de certaines parties de son corps, vous pouvez le masser plus longuement à ces endroits précis. Au contraire, s'il ne se laisse pas manipuler volontiers à certains endroits, vous n'intégrerez que quelques effleurements légers sur ces zones. Vous constaterez aussi qu'il est plus simple de commencer par les manipulations qu'il apprécie et de ne faire qu'après celles qu'il aime moins - souvent, le bébé se détend tellement bien pendant la séance qu'il sera plus enclin à vous laisser lui faire quelques effleurements vers la fin sur ses petits pieds chatouilleux, par exemple, alors qu'il n'apprécierait pas du tout cela en début de séance.

À quelle fréquence masser le bébé ?

Naturellement, les effets du massage du bébé se font mieux sentir quand ceux-ci sont pratiqués régulièrement et de préférence tous les jours. Le massage peut devenir un petit rituel de votre routine quotidienne, qui procurera un bien-être renouvelé à votre enfant et à vous-même. En pratique, plus votre enfant s'habitue à être massé, plus vous pouvez le faire régulièrement et souvent, et plus vous profitez de votre expérience. Mais ne massez votre bébé que si vous en avez vraiment le temps et trouvez un moment de calme pour le faire. Même quand il reçoit un massage par semaine, le bébé en tire du bien-être et cela lui fait du bien, mais à condition que ce soit fait avec attention. Encore une fois, écoutez votre intuition : vous saurez vite repérer les moments où votre enfant a envie d'être massé, et à quelle fréquence, pour que lui comme vous en tiriez un maximum de plaisir.

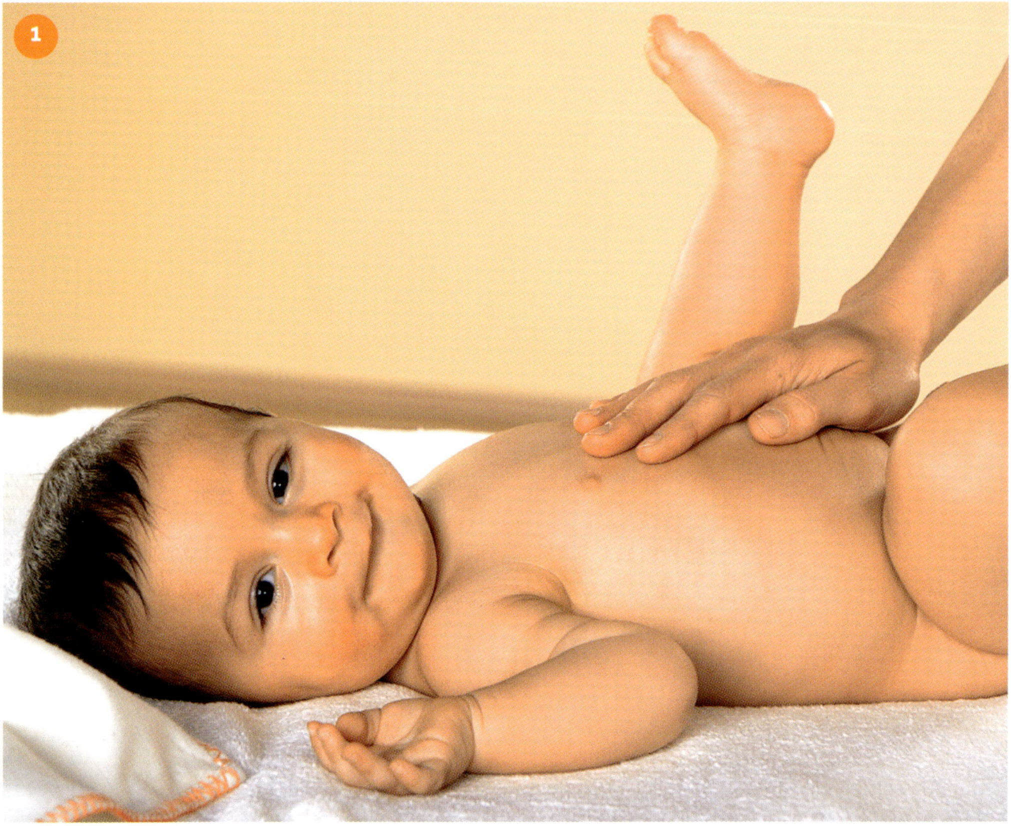

Les bases : la manipulation

À la différence du corps d'un adulte, celui d'un bébé ne laisse pas beaucoup de choix dans les différentes manières de le saisir.

L'effleurement (lissage et cercles)

1 Passez la main à plat ou les doigts relâchés en longs traits droits sur le corps de votre bébé. Selon ce qu'il aime et ce dont il a besoin, vos mouvements sont doux, mais un peu plus fermes que de simples caresses. Sur les zones de petite superficie, vous ne pouvez passer que la pulpe de vos doigts. Quand vous faites des mouvements circulaires, faites-les toujours dans le même sens, mais en alternant les grands et les petits cercles.

Avec les pouces

2 C'est surtout pour masser les mains et les pieds de votre bébé que vous vous servirez de vos pouces. Pour cela, refermez votre main sur la sienne, ou sur son pied, de manière que votre pouce pratique de petits mouvements de massage circulaires. N'appuyez surtout pas trop fort.

Les bases en un clin d'œil

- Les premières semaines après la naissance de votre bébé, réservez les massages à certaines zones de son corps comme les mains et les pieds ; à partir de quatre semaines, étendez peu à peu les zones de massage à tout son corps.
- Ne le massez pas pendant plus d'une demi-heure à chaque séance. Il suffit de répéter chaque palpation 2 ou 3 fois.

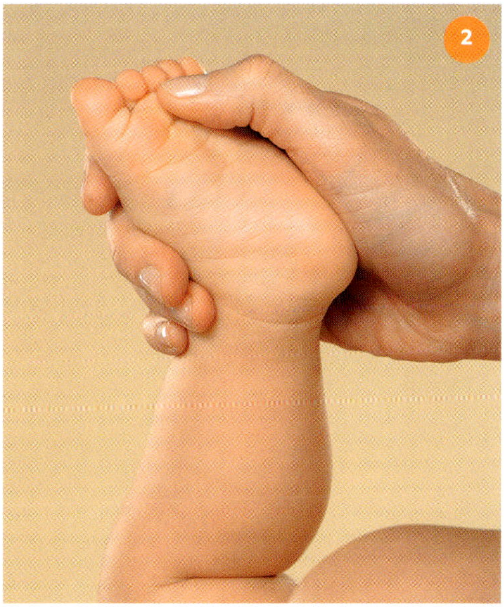

- N'utilisez que des huiles de massage naturelles et de très bonne qualité et pratiquez un test d'allergie au préalable.
- Veillez à ce que la pièce soit assez chauffée et tamisez la lumière ; supprimez les facteurs dérangeants.
- Vos mains doivent être agréablement chaudes et vos ongles coupés court. Vos bagues et bracelets doivent être retirés.
- Respirez profondément et calmement. Prenez un temps pour vous décontracter avant de commencer le massage.
- Répartissez l'huile de massage d'abord sur vos mains pour la réchauffer avant d'en badigeonner votre bébé.
- Un bébé enduit d'huile de massage peut devenir très glissant tant que l'huile n'a pas pénétré dans sa peau ; veillez à ne pas le lâcher et enveloppez-le dans une serviette si vous devez le déplacer.
- Le massage idéal suit un rythme régulier, continu et lent.
- Massez sans exercer de pression, laissez vos mains faire de grands va-et-vient le long du corps de votre bébé. Les effleurements trop légers peuvent le chatouiller. Si vous observez bien ses réactions, vous saurez quand il aura envie d'être massé plus fermement.
- Profitez aussi des massages ! Les séances doivent être agréables pour vous deux : elles décontractent la mère autant que l'enfant ; ce doit être un plaisir partagé de tendresse et de bien-être.

Tête et visage

Avant le début du massage, déshabillez votre bébé. Parlez-lui doucement et allongez-le sur le dos, les pieds vers vous, en lui expliquant avec vos mots que vous allez le masser.

Autour de la tête

1 Pour le début, vous n'avez pas besoin d'huile de massage. Du bout des doigts, massez le pourtour de sa tête lentement et sans pression, en petits mouvements circulaires. Faites ainsi sur toute la partie de sa tête qui a des cheveux, mais évitez la zone très fragile de ses fontanelles.

Ensuite, posez vos mains sur le contour de sa tête et faites de longs mouvements de caresse en même temps de chaque côté, en allant du dessus des oreilles jusqu'au menton avec la pulpe de vos doigts qui glissent délicatement sur sa peau.

Petit massage du visage

Maintenant, vous allez utiliser vos doigts pour redessiner les traits tout mignons de son visage. Ne mettez pas encore d'huile. Faites les mouvements du bout de l'index ou du majeur, ou avec le pouce (les mains sont alors placées au-dessus des oreilles), et passez le long des sourcils, du milieu du front vers les tempes et là faites quelques petits cercles avec les doigts.

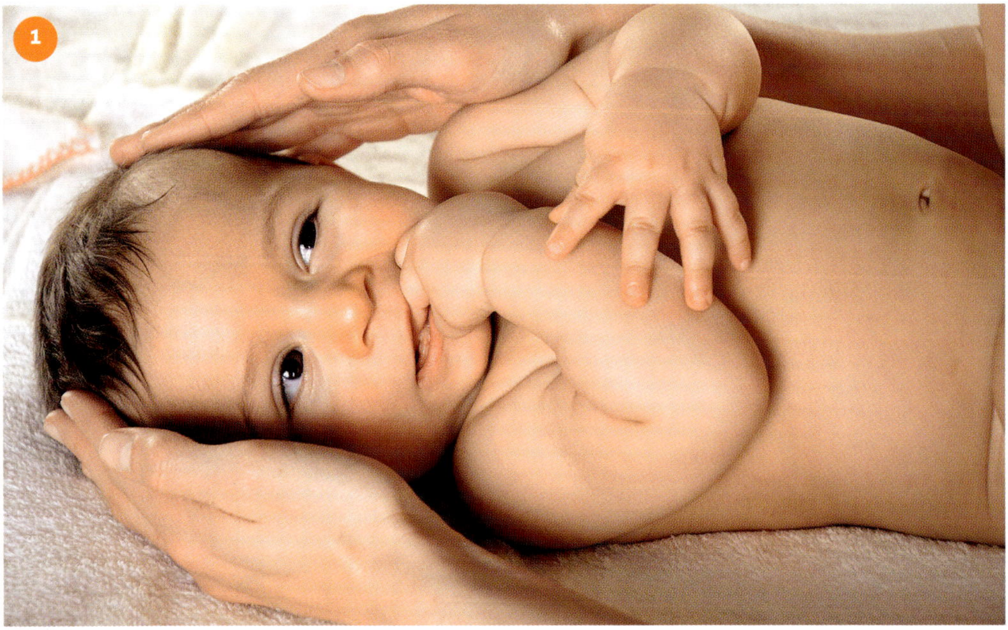

Ensuite, caressez-lui tout doucement le pourtour des yeux du bout des doigts, sans passer sur les paupières. Puis descendez depuis la racine du nez et passez les doigts délicatement le long de ses narines jusqu'aux coins de ses lèvres. Là, dessinez un sourire léger avec vos doigts.

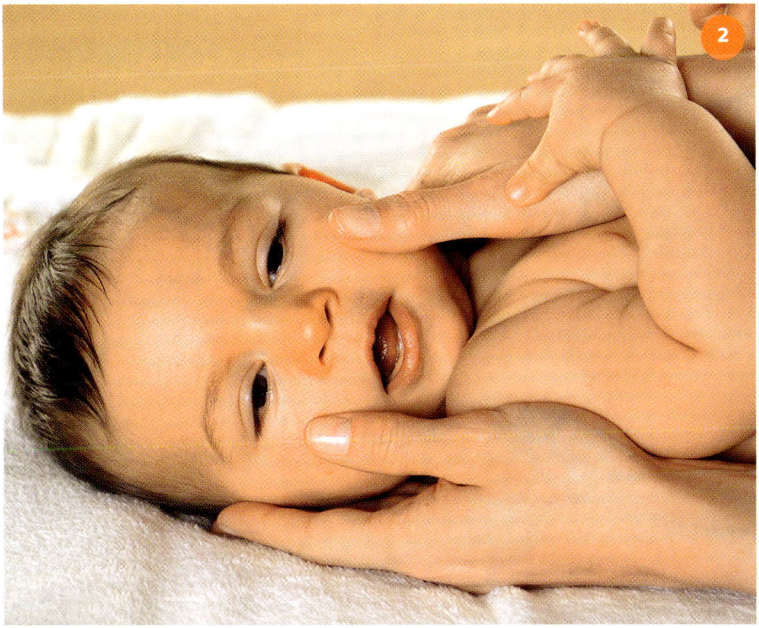

2 Repartez maintenant du nez et passez vos doigts sur ses joues jusque vers ses oreilles. Commencez au-dessus des pommettes et recommencez ce geste plusieurs fois en partant un peu plus bas à chaque fois. Une fois sous le nez, posez vos doigts entre sa bouche et son nez et caressez vers l'extérieur. Ensuite, mettez les doigts sur le menton et allez jusqu'aux articulations de sa mâchoire. N'appuyez pas trop fort, faites des effleurements légers.

Pour finir le massage de son visage, effleurez celui-ci plusieurs fois, juste du bout des doigts, de son menton jusqu'à ses oreilles, en décrivant des cercles d'avant en arrière autour des oreilles, puis en redescendant lentement jusqu'au menton.

Variez les plaisirs !
Au début, le massage du visage peut être très court ou ne concerner que les zones où votre bébé apprécie le plus d'être touché. Il est souvent astucieux de ne masser la tête et le visage qu'après le reste du corps. Suivez votre intuition et mettez de la variété dans les séances afin que votre bébé y trouve un maximum de plaisir !

Poitrine et ventre

Le massage de la cage thoracique régule les fonctions du cœur et des poumons. Celui du ventre stimule les organes internes et active la digestion. On masse surtout le ventre dans le sens des aiguilles d'une montre. Sans lâcher votre bébé, versez-vous un peu d'huile de massage sur les mains, répartissez-la régulièrement et enduisez-en légèrement la poitrine et le ventre de votre enfant.

La poitrine

Des deux mains en même temps, lissez la poitrine depuis le centre vers le haut des côtes et l'extérieur. Redescendez en faisant des cercles vers le bas de manière à réunir vos mains sous les côtes et à revenir au point de départ ; remontez tout droit et repartez vers l'extérieur.

Attention !
Ne commencez à masser le ventre d'un nouveau-né que lorsque son cordon ombilical est bien cicatrisé !

Les diagonales

1 Posez vos mains sous la poitrine, au bas du torse de votre bébé. Allez d'une main vers une épaule et de l'autre vers l'autre

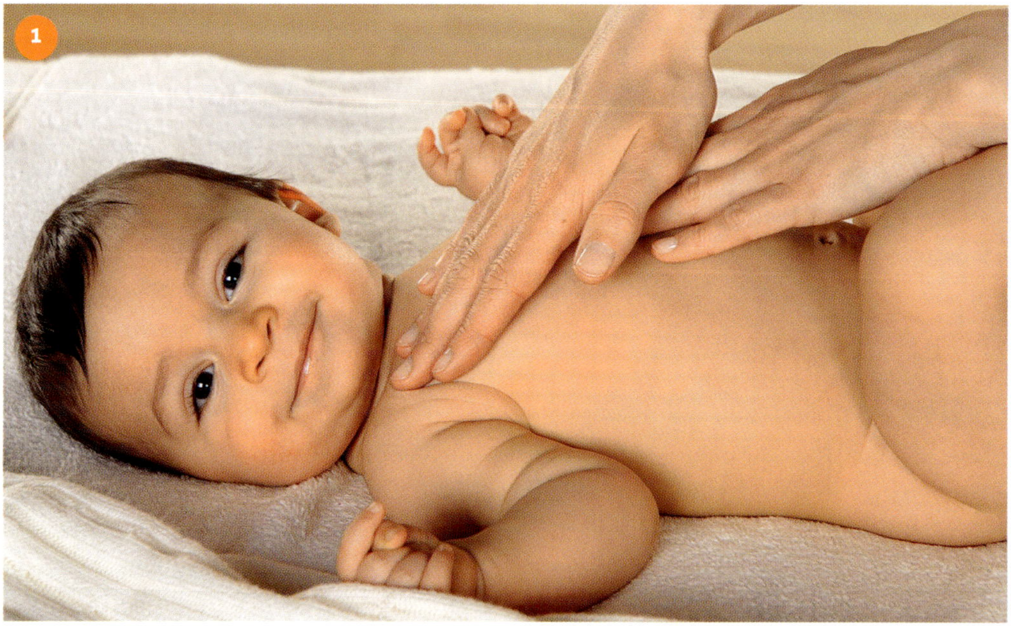

épaule, laissez chaque main en place un instant avant de revenir doucement en sens inverse. Les mouvements des mains doivent alterner sans temps mort, c'est-à-dire être continus.

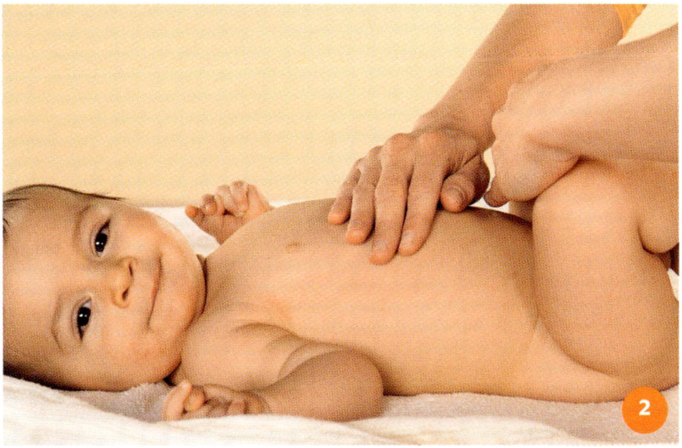

Décontracter le ventre

2 Les mains à plat, effleurez son ventre du haut vers le bas depuis le bas de ses côtes. Vos mains doivent se déplacer comme les pales d'une roue à eau, en rythme très régulier.

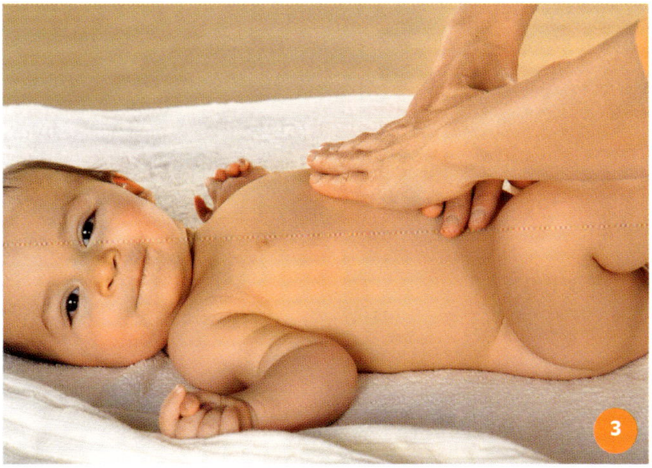

Une fois le ventre déballonné ou décontracté, relevez les jambes de votre bébé et amenez-les vers votre ventre à vous, de manière à lui décontracter les muscles abdominaux.

Masser le ventre

3 Posez vos mains à plat sur le ventre de votre bébé et décrivez des cercles autour de son nombril, les deux mains en même temps, l'une poursuivant l'autre dans le sens des aiguilles d'une montre. Vos mains sont toujours en face l'une de l'autre sur la circonférence des cercles et toujours en mouvement. Faites ces mouvements lentement et régulièrement.

L'intestin

Posez vos pouces à plat sur le ventre de votre bébé, à droite et à gauche du nombril, et étirez doucement vers les côtés sans exercer de pression. Laissez vos pouces un instant aux bords avant de recommencer le même mouvement depuis le nombril. Pour finir, effleurez votre bébé des deux mains depuis les épaules jusqu'aux hanches en passant sur la poitrine et le ventre.

Jambes et pieds

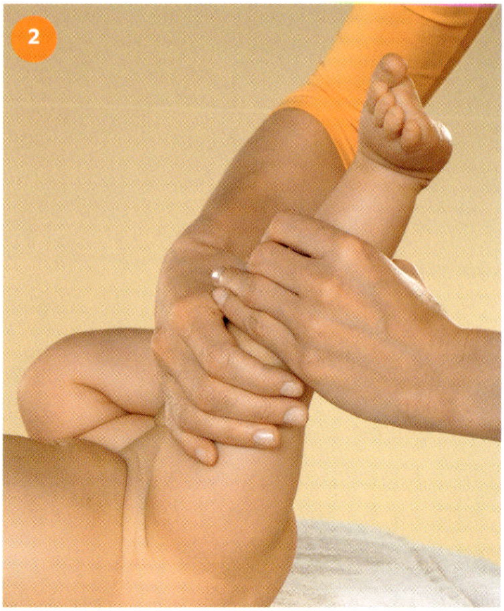

Pendant le massage des pieds, veillez à ne pas faire les mouvements trop légèrement pour ne pas le chatouiller, mais pas trop fort non plus car les bébés sont très réactifs à la réflexologie plantaire ! Massez une jambe complète, pied inclus, avant de passer à l'autre.

Les jambes

Passez les mains enduites d'huile de massage régulièrement et plusieurs fois de l'aine sur la jambe puis jusqu'au pied.

La « traite indienne »

1 Cette manière de masser les bébés comme on le fait en Inde consiste à maintenir le pied du bébé assez haut d'une main pendant que l'autre main masse la jambe en la pressant et en remontant depuis la cuisse jusqu'au pied, un peu comme quand on trait le pis d'une vache.

L'« essorage »

2 Pour ce geste de massage, il vous faudra beaucoup d'huile pour que vos mains glissent facilement et ne blessent pas votre bébé. Encerclez la cuisse de votre bébé avec vos deux mains. Faites glisser celles-ci lentement jusqu'au pied en les faisant passer doucement d'avant en arrière, comme si vous vouliez essorer sa jambe. Massez jusqu'à la cheville et remontez vers la cuisse.

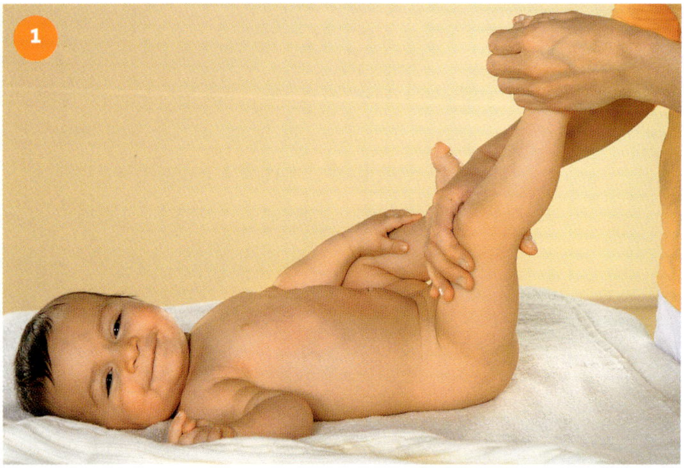

La plante des pieds

3 Prenez le pied de votre bébé dans vos mains de manière que vos deux pouces puissent travailler sur la plante. Commencez à masser celle-ci du talon jusqu'aux orteils, sans oublier de stimuler les deux côtés extérieurs du pied, à droite comme à gauche.

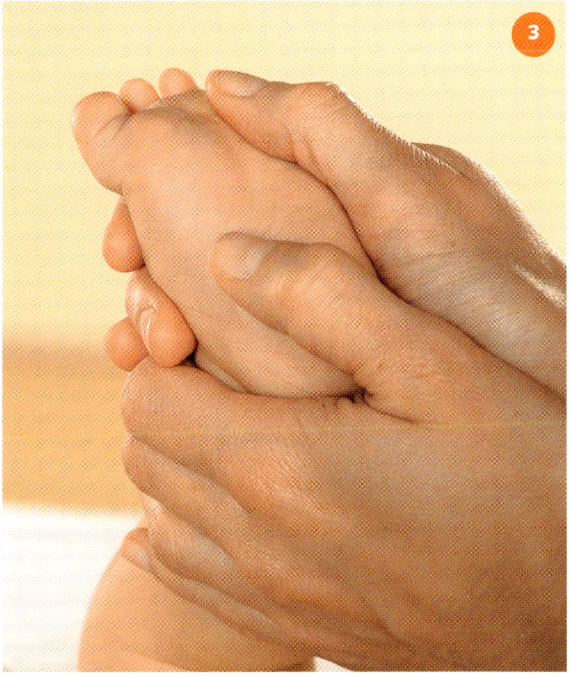

Massage des doigts de pied

Tenez le pied de votre bébé d'une main et attrapez un doigt de pied entre le pouce et l'index. Massez par des pressions légères depuis la racine du doigt de pied vers le bout, afin de l'étirer doucement.

Cercles du pouce

Tenez le pied de votre bébé de manière à pouvoir lui masser la plante des pieds par de petits cercles de vos deux pouces. Vous pouvez exercer une légère pression tant que cela reste agréable à votre enfant. Soyez toujours très attentive à ses réactions. Massez-lui aussi la racine des doigts de pied.

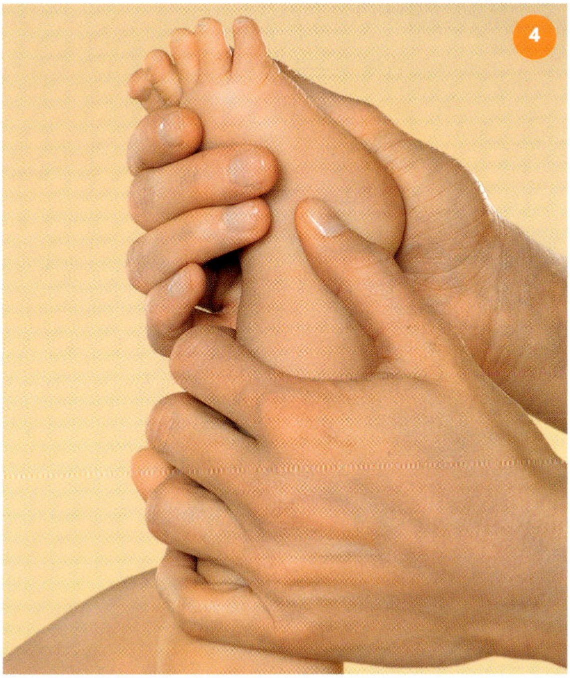

Les chevilles

4 Enfin, massez-lui les chevilles en pratiquant de petits cercles légers de vos pouces. Mais maintenez bien son petit pied car il aura vite fait de vous échapper !

Bras et mains

Vous pouvez laisser votre bébé sur le dos ou le coucher sur le côté. Au besoin, essayez de le caler avec un coussin ou votre jambe. Les bras d'un bébé ne sont pas toujours faciles à allonger. De légers tapotements sur les muscles permettent de les décontracter. Mais ne forcez jamais.

Massage des bras

Mettez un peu d'huile de massage dans vos mains et massez le bras de votre bébé en mouvements réguliers depuis l'épaule vers sa main. Soyez toujours prête à le lâcher au cas où votre bébé se retournerait brusquement, pour éviter que son bras se retrouve tordu à l'arrière de son corps.

La « traite indienne »

D'une main, maintenez celle de votre bébé et étendez son bras vers le haut. De votre autre main, encerclez son bras et massez-le en remontant très lentement depuis l'épaule vers le poignet. Changez de main : celle qui vient de masser tient alors la main du bébé et c'est l'autre qui pratique le mouvement.

« Essorage » du bras

1 Mettez beaucoup d'huile sur vos mains afin qu'elles glissent facilement. Avec vos deux mains, encerclez le haut du bras de votre bébé et faites-les glisser le long du bras, puis de l'avant-bras en tournant vos mains l'une vers la gauche et l'autre vers la droite, tout doucement. Massez aussi le poignet de la même manière.

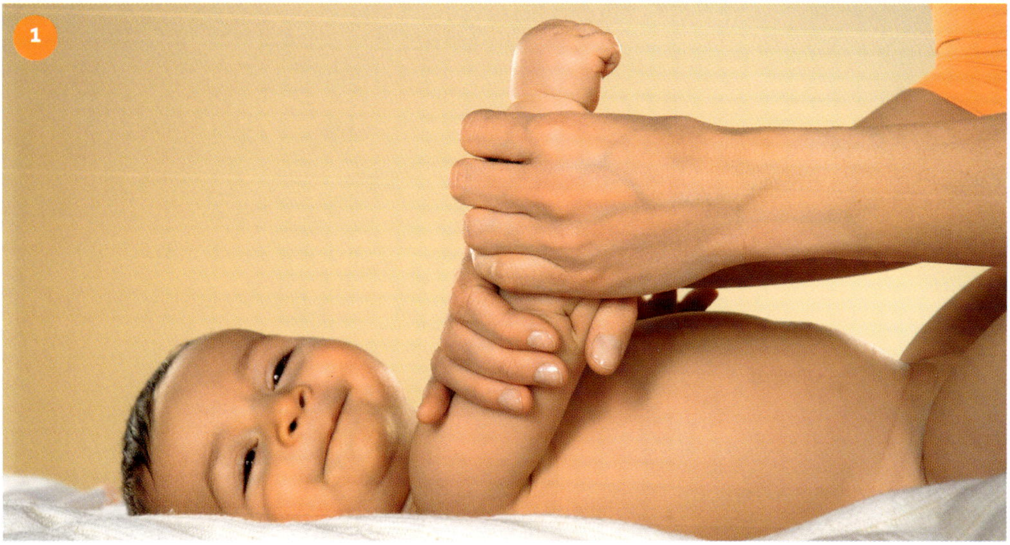

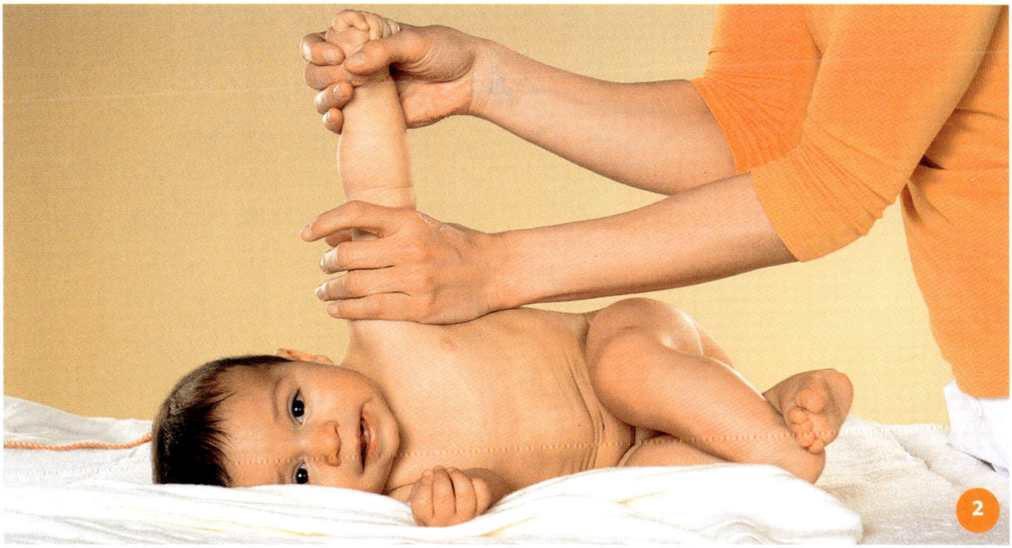

Massage de l'aisselle

2 Le bébé sur le côté, étendez son bras vers le haut de manière à pouvoir masser son aisselle avec la paume de votre autre main. Massez doucement car les ganglions lymphatiques sont sensibles.

Massage des mains

Souvent, les petits poings d'un bébé sont fermés. Pour les décontracter, ouvrez-les par de gentils mouvements de massage, puis tenez une main par le poignet de manière à pouvoir travailler de votre pouce, en massant de son poignet jusqu'à la paume de sa main, puis jusqu'au bout des doigts.

Les doigts

3 Tenez sa main par le poignet. Ensuite, prenez chaque doigt l'un après l'autre entre votre pouce et votre index et massez avec de faibles pressions depuis la base du doigt vers l'ongle où vous appliquerez une pression moindre.

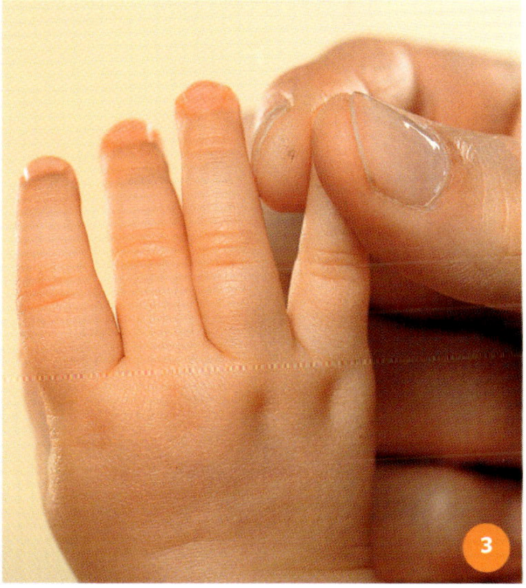

Dos et fesses

Le dos est la partie du corps de votre bébé qui avait le plus de contact avec votre utérus lorsqu'il était dans votre ventre. Prêtez-lui une attention particulière. Plus votre bébé va grandir, plus il se laissera facilement mettre en position ventrale.

Prenez tout votre temps pour pratiquer tranquillement le massage du dos de votre enfant. Si vous avez l'habitude de le masser sur vos jambes allongées, vous pouvez tout à fait le mettre à plat ventre en travers sur vos jambes. Son corps sera ainsi bien calé. Beaucoup de manipulations sont plus faciles à pratiquer quand votre bébé est placé transversalement par rapport à vous.

Associer la tête et le dos

1 Commencez le massage du dos - sans huile de massage - par de petits mouvements circulaires pratiqués du bout de vos doigts depuis le front, sur le haut de la tête, puis vers la nuque et enfin en haut des épaules. Mais ne passez pas sur les fragiles fontanelles.

Enduire le dos d'huile

Maintenant, mettez de l'huile de massage dans vos mains et répartissez-la de la nuque aux fesses de votre bébé. Laissez un moment vos mains posées entre ses omoplates.

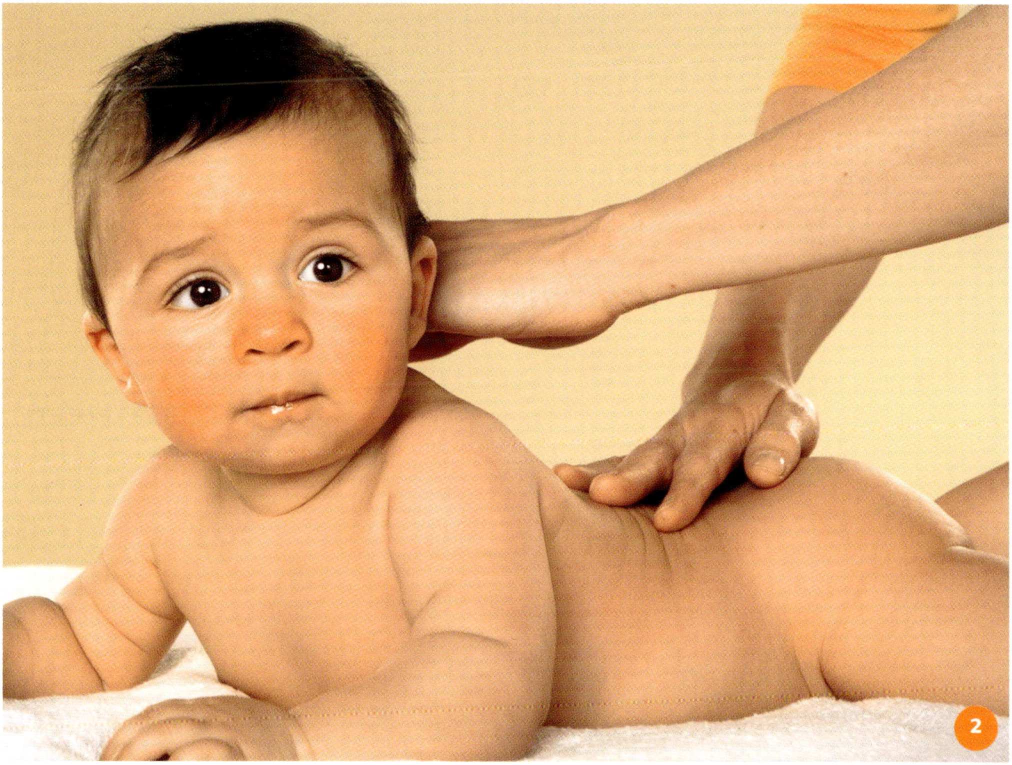

Petits cercles sur la nuque et les épaules

À la différence des adultes, les bébés n'ont pratiquement pas de cou, leurs épaules ne sont pas dégagées. On dirait que leur tête est directement posée sur leur buste. Faites de petits cercles tout doux du bout des doigts sur sa nuque et ses omoplates.

Massage du dos

2 Passez le plat de vos mains en alternance le long de la colonne vertébrale de votre bébé, de la nuque jusqu'aux fesses. Une fois une main arrivée aux fesses, l'autre se pose sur la nuque et fait le même mouvement sur un rythme lent et régulier. Il doit toujours y avoir contact.

Ensuite, maintenez d'une main les fesses de votre bébé et, de l'autre, massez le long de son dos en écartant le pouce, de la nuque aux fesses. La main qui maintient le fessier fait contrepoids à la main active. Enfin, maintenez-lui les chevilles d'une main et étirez tout doucement les jambes de votre bébé. Puis étendez les mouvements de massage de la nuque au dos et descendez jusqu'à ses pieds.

Massage du dos, perpendiculairement

1 Ces manipulations de massage sont faciles à pratiquer quand votre enfant est installé perpendiculairement à vous. Posez vos mains enduites d'huile à plat sur ses omoplates, l'une à côté de l'autre. Passez les mains l'une après l'autre d'avant en arrière ; lorsqu'une main va vers l'avant, l'autre va vers l'arrière. Massez lentement de la nuque jusqu'aux fesses et revenez. Si votre enfant est allongé face à vous, étendez vos mains et posez-les sur son dos en les superposant au niveau du bout de vos doigts. Chaque main part alors dans une direction et décrit des zigzags, en descendant de la nuque aux fesses.

Les diagonales

2 Posez vos mains à plat l'une à côté de l'autre au milieu du dos de votre bébé. S'il est allongé devant vous, massez de votre main droite vers son épaule droite et, en même temps, de votre main gauche vers sa fesse gauche. Revenez au milieu du dos et refaites la même chose en sens inverse, main gauche vers son épaule gauche et main droite vers sa fesse droite. Vos mouvements doivent être fluides.

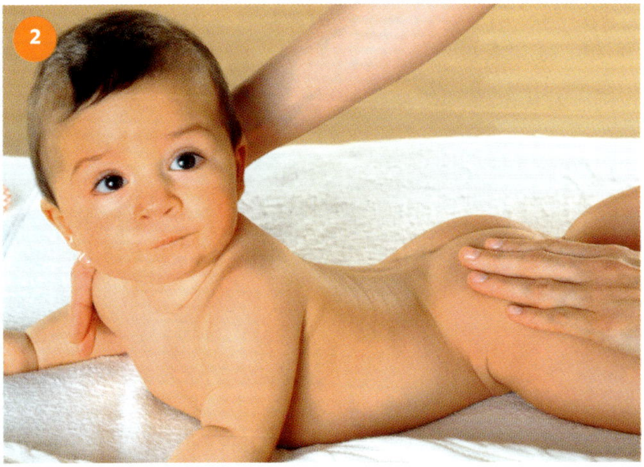

Si votre bébé est installé en travers par rapport à vous, vos mains vont faire pratiquement le même mouvement que ci-dessus, mais vont étirer le dos l'une vers une épaule et l'autre vers la fesse opposée.

Pour finir : la relaxation

À la fin d'un massage, vous pouvez renforcer l'action apaisante et bienfaitrice de celui-ci en donnant encore un peu de votre temps à votre bébé pour renforcer sa décontraction.

Normalement, à ce stade il est encore allongé sur le ventre devant vous. Passez encore les mains lentement et tout doucement sur tout son corps, de la tête aux pieds. Vos mains ont à peine besoin de faire bouger son corps. Imaginez que vous êtes en train de l'envelopper de toute votre tendresse à chaque caresse.

Continuez un moment, puis retournez-le délicatement sur le dos et répétez cet « enveloppement de tendresse » sur tout son corps. Passez vos deux mains d'abord sur sa tête, autour de ses oreilles, sur sa poitrine, son ventre et ses jambes, jusqu'à ses pieds. Vous pouvez aussi lui parler doucement, si vous le désirez.

3 Ensuite posez vos mains sur lui pour qu'il puisse encore sentir votre chaleur. Vous pouvez les poser l'une à côté de l'autre sur sa cage thoracique, ou les passer de sa poitrine à son ventre, ou de sa tête à ses pieds pour qu'il sente le lien entre les parties de son corps. Suivez votre intuition, souriez-lui et donnez-lui tout votre amour.

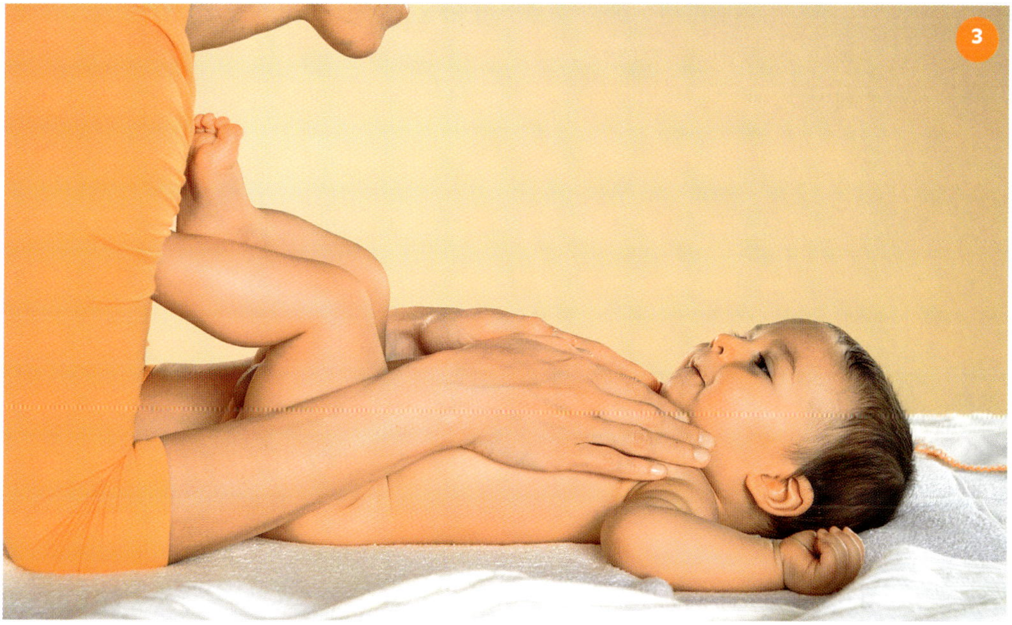

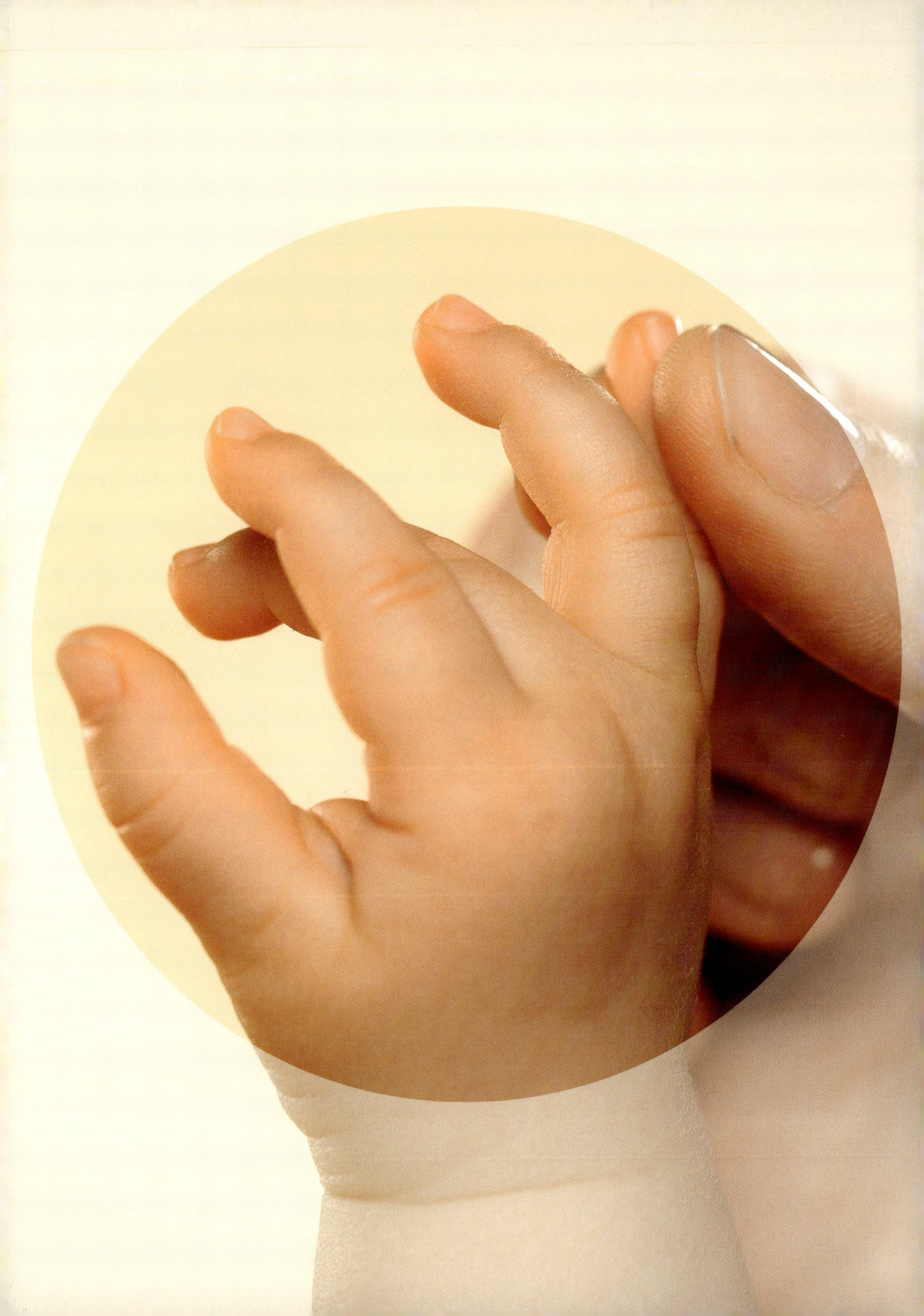

Massages doux et petits maux

Une détente malgré les petits maux

Divers éléments du massage d'un bébé peuvent très bien être utiles en cas de petites maladies et ont la capacité d'apaiser les maladies ordinaires en favorisant la guérison. Car même si ce n'est pas le massage qui guérit la maladie, même s'il n'agit pas directement contre elle, il peut rendre les petits maux plus faciles à supporter. Le massage apaise le bébé et peut l'aider à supporter une douleur légère.

Du répit pour bébé et ses parents

Surtout avec l'aîné, les jeunes parents ont du mal à gérer les maladies de leur bébé et n'aiment pas l'idée qu'ils sont impuissants à le soulager. Voir leur bébé souffrir désempare les parents. Le massage leur donne la possibilité de montrer à leur enfant, grâce

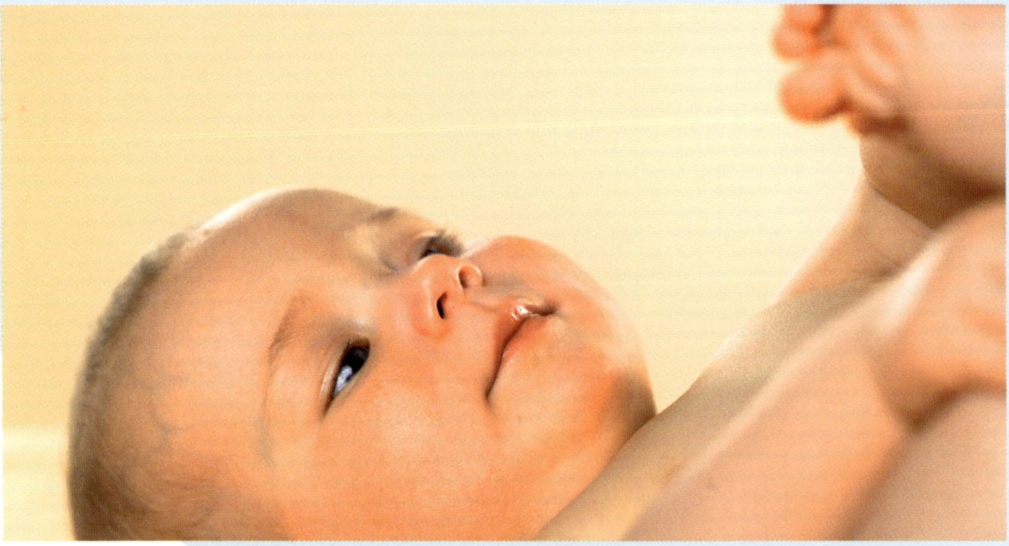

Le massage peut aider en cas de petit bobo, mais il ne dispense pas d'une visite chez le pédiatre.

Attention !
La fièvre et les maladies aiguës interdisent la pratique de tout massage pour ne pas déranger l'organisme déjà perturbé de votre bébé. Mais, dès qu'il est sur la voie de la guérison, vous pouvez en règle générale recommencer à lui faire de petits massages légers. En cas de doute, demandez au pédiatre s'il pense qu'un massage ferait du bien à votre enfant.

à des manipulations choisies, qu'ils sont là pour lui et pour s'occuper de son bien-être. Quand il s'agit de petites douleurs, le massage suffit parfois, grâce à l'attention concentrée qu'il offre, à ce que le bébé souffre moins et pleure moins. Le contact physique et apaisant rassure le bébé.

Mais le massage n'aide pas que le bébé ; beaucoup de parents se sentent plus à l'aise vis-à-vis de leur enfant lorsqu'ils savent qu'ils peuvent lui permettre d'aller vite mieux. Ils se sentent moins impuissants et réagissent avec moins d'énervement. Ils ont ainsi l'impression de mieux satisfaire son réel besoin – et le bébé n'est pas le dernier à en profiter, naturellement, puisque ses parents se comportent de manière compétente et calme pour régler son problème.

Intérêts et limites du massage

Plus un bébé est petit et plus il se produit de changements rapides, plus il passe vite du bien-être à un état douloureux, et plus les maladies se développent rapidement. Si vous avez l'impression que votre enfant est malade, il est indispensable de consulter votre pédiatre avant d'essayer de l'apaiser par quelque moyen que ce soit ! Cela vaut aussi et avant tout en cas de fièvre ou de douleurs persistantes ou violentes. Répétons-le : le massage ne remplacera jamais une visite chez le pédiatre.

Les massages sont spécialement utiles pour apaiser les petits maux quotidiens que chaque bébé rencontre au cours des premiers mois de sa vie : les coliques, l'agitation, les dents qui percent ou les soucis d'endormissement. Avec un petit massage et les bons remèdes maison, une situation très désagréable pour votre bébé peut être atténuée relativement facilement. Avec les astuces efficaces et les indications des pages qui suivent, vous saurez déjà comment réagir activement aux premiers signaux d'inconfort de votre bébé, éviter quelques vrais ennuis et apaiser rapidement votre bébé.

Crampes au ventre et constipation

Masser le petit ventre de votre bébé qui souffre de crampes ou de constipation est LE meilleur moyen de le soulager. Les études indiquent que, dans les sociétés où le massage fait partie des soins réguliers qu'on prodigue aux bébés, ceux-ci souffrent beaucoup moins de la trop célèbre colique du nourrisson. Le massage en douceur du ventre est idéal pour réguler la digestion et décrisper les petits ventres. Il est important de toujours masser dans le sens des aiguilles d'une montre pour respecter le circuit du côlon. Le massage permet d'éliminer les gaz dans l'intestin et d'évacuer les selles plus facilement.

Attention !
Ne commencez à masser le ventre d'un nouveau-né qu'une fois que son cordon ombilical est bien cicatrisé !

L'effet du massage est encore renforcé par l'utilisation d'une huile aromatique (attention, n'oubliez pas le petit test d'allergie préalable, voir page 33). Mélange idéal : 1 goutte d'huile essentielle de fenouil, 1 goutte de camomille et 50 ml d'huile de noyau d'abricot.

Détendez son ventre

Allongez votre bébé sur le dos devant vous et soulevez ses jambes d'une main pour détendre son ventre. De l'autre main,

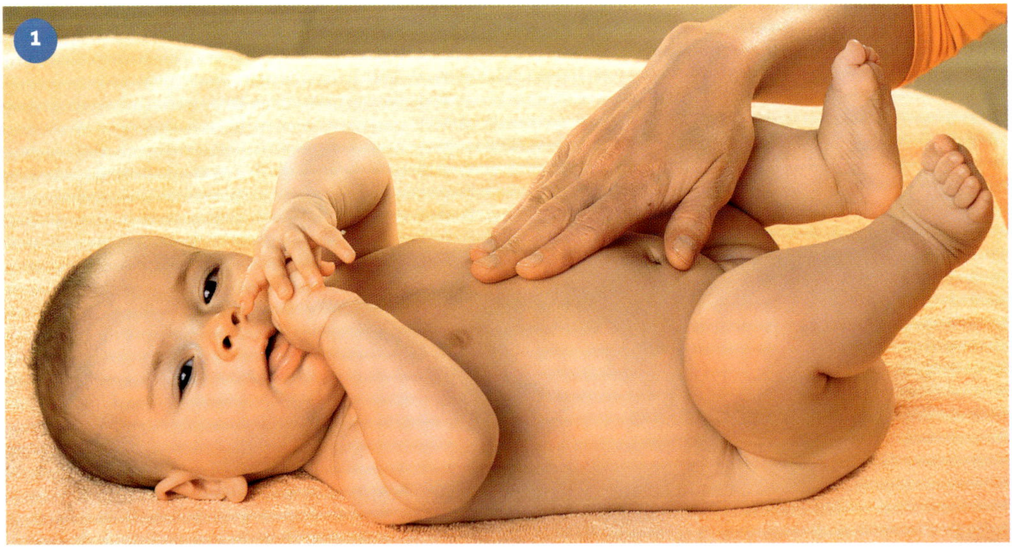

faites de longs et lents mouvements d'étirement de haut en bas sur le ventre de votre bébé.

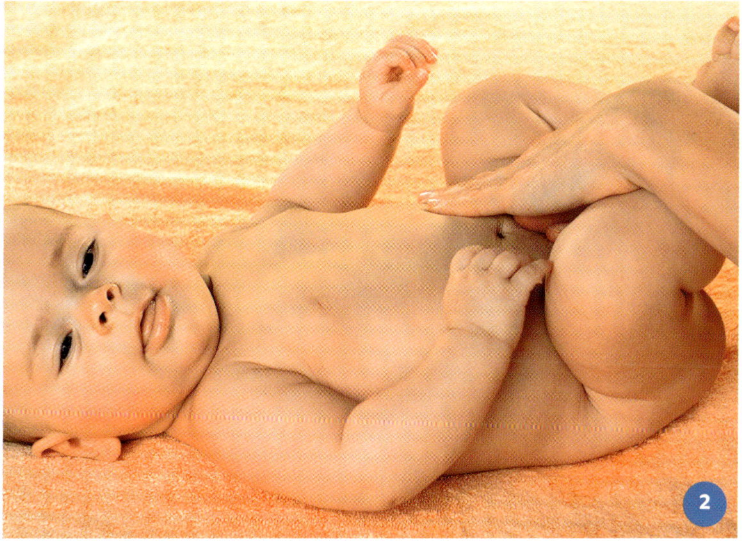

La spirale

1 Posez votre main à plat sur le nombril de votre bébé et tournez dans le sens des aiguilles d'une montre. Commencez par de grands cercles sur tout le ventre et rapetissez leur diamètre peu à peu. À la fin, laissez un moment votre main sur son nombril pour transmettre la chaleur à son ventre.

D'avant en arrière

2 Pour ce massage, posez d'abord vos mains à plat, l'une sur l'autre, en-dessous du nombril de votre bébé, la main gauche sur la droite. De la main gauche, massez en arc de cercle dans le sens **contraire** aux aiguilles d'une montre autour du nombril. La main droite suit la gauche jusqu'à ce qu'elles se rejoignent sous le nombril. Mettez alors la main droite dessus et cette fois-ci, suivie de l'autre main, elle masse en arc de cercle **dans le sens** des aiguilles d'une montre tout autour du nombril. Ce mouvement doit se faire sur un rythme lent et régulier et se terminer par un arc de cercle dans le sens des aiguilles d'une montre.

Que faire d'autre ?

De la même manière qu'un enfant nourri au sein peut avoir mal au ventre quand sa maman mange des aliments irritants, sa digestion est facilitée si sa maman boit de la tisane digestive au fenouil ou au cumin. Les graines de fenugrec ont aussi un effet positif sur le ventre du bébé par l'intermédiaire du lait maternel.

Anxiété et agitation

Les massages du bébé sont idéaux pour renforcer le lien entre la mère et l'enfant et donner plus de confiance et de sentiment de sécurité aux bébés inquiets ou anxieux. En effet, plus le contact corporel est fréquent et intense, mieux l'anxiété disparaît - ce qui fait qu'on conseille d'installer ces bébés sur les jambes de leur mère pour les séances de massage.

Quand un enfant qui est d'habitude de caractère facile se montre momentanément nerveux ou anxieux, il faut essayer de comprendre pourquoi : une douleur, une couche pleine, la faim ou une expérience désagréable peuvent fortement perturber l'équilibre d'un nourrisson.

Si l'agitation ou l'anxiété reviennent régulièrement, composez un mélange de 50 ml d'huile de base additionnée de 1 à 2 gouttes de lavande ou de rose. Ces huiles essentielles contiennent un principe apaisant et tranquillisant. Avec les bébés inquiets, il est extrêmement important de faire des massages calmes et lents et de respirer profondément en se décontractant. Votre calme aidera votre enfant à s'apaiser.

Des caresses tendres

Allongez votre bébé sur le dos. Du plat de la main, massez-le sur la poitrine, le ventre, les jambes. Changez de main en respectant le même rythme : dès que l'une a terminé son parcours, l'autre commence en haut de la cage thoracique.

Après quelques passages de ce type, retournez votre bébé en position ventrale et recommencez de longs massages depuis ses épaules, sur son dos, ses fesses et jusqu'à ses jambes. Si cela lui plaît, vous pouvez étendre les mouvements et commencer depuis sa tête en finissant par ses pieds. Mais attention : n'utilisez aucune huile et encore moins d'huile essentielle dans la région du visage !

Conseil

Si votre bébé fait partie des enfants qui ne se laissent calmer que par des bercements interminables, ce conseil va peut-être vous éviter de devoir tourner sans fin dans le salon : installez-vous dans un siège confortable, posez votre bébé à plat ventre sur vos cuisses (pensez à soutenir sa tête si nécessaire) et faites bouger lentement vos jambes de haut en bas.

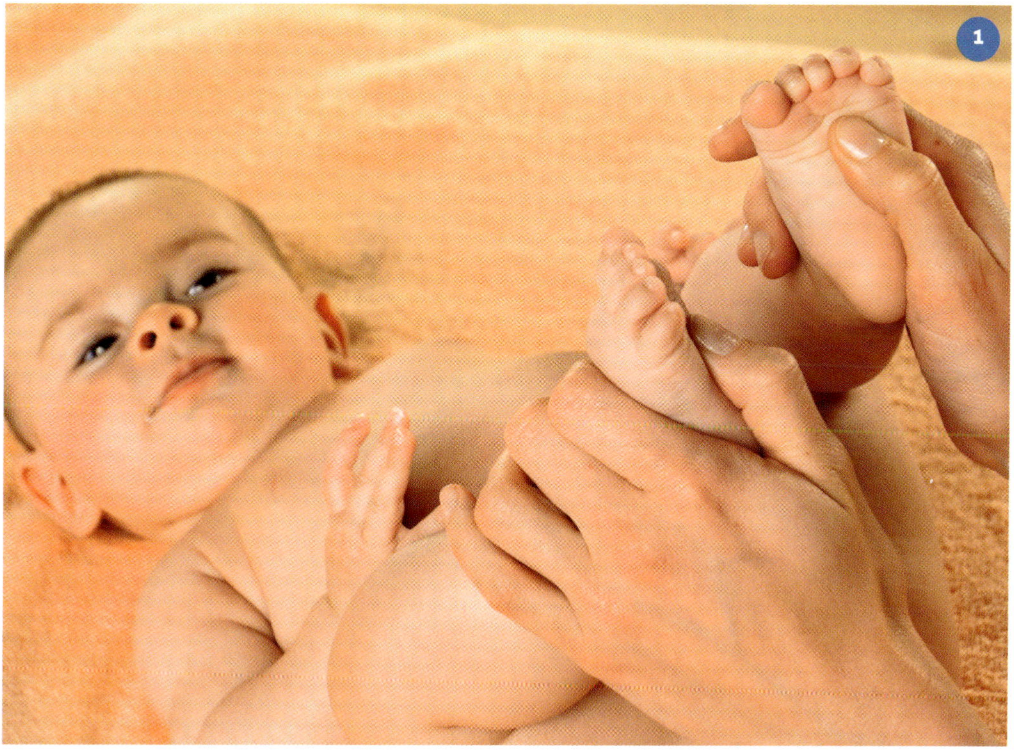

Massage relaxant des pieds

1 Ce massage se fait sur les deux pieds de votre bébé en même temps. Commencez par manipuler ses pieds en les enveloppant plusieurs fois de vos mains, depuis la cheville jusqu'aux orteils.

Puis prenez ses gros orteils entre vos pouces et vos index et massez-les de quelques pressions douces sur la pulpe et le bout. À tout moment du massage, gardez le contact visuel avec votre enfant. Parlez-lui si vous le désirez, pour lui expliquer ce que vous faites. Même s'il ne comprend pas le sens des mots, votre timbre de voix le rassurera et l'aidera à se détendre.

Ensuite, massez ses plantes de pied du bout des doigts, de la cheville jusqu'aux orteils. Faites ces manipulations d'un geste doux et lent, mais veillez à ne pas le chatouiller. Recommencez ce massage plusieurs fois.

Enfin, prenez ses petits petons dans vos mains de manière à pouvoir lui masser les plantes de pied de vos pouces, en allant de la pulpe de ses orteils jusqu'à ses talons en faisant de légères pressions.

Les dents

Si vous voyez votre bébé se mettre à mâchonner ses doigts, commencer à tout porter à sa bouche, s'il a les gencives rouges et salive beaucoup, les signaux sont clairs : les premières dents sont en train de sortir. Entre quatre et douze mois, la plupart des bébés (et des parents, donc) souffrent des dents avec plus ou moins d'intensité. En effet, la percée des dents peut être très douloureuse. Les anneaux de dentition et le geste de mettre tout ce qui leur passe sous la main dans leur bouche permet aux bébés de soulager un peu la douleur - et cela peut contribuer à accélérer la percée des dents. Vous pouvez aussi intervenir par de petits massages qui vont accélérer le processus ; mais pour cela, vous n'avez pas besoin d'huile de massage.

Massage des gencives

1 Si votre bébé vous laisse faire, massez-lui doucement la gencive de la pulpe de votre doigt après vous être lavé et rincé soigneusement les mains. Veillez à avoir les ongles coupés courts pour ne pas le griffer. Les bébés sont nombreux à ne pas se laisser masser la bouche ; ils préfèrent nettement mâchouiller les délicieux doigts tendres de papa ou maman, mais vous pouvez vraiment laisser votre bébé le faire, car le « travail » de massage se fait de la même manière et le résultat est le même.

Précaution !

Si la gencive de votre bébé est très rouge ou a l'air irritée, il est absolument indispensable de vous savonner soigneusement les mains avant de lui masser les gencives ou de lui donner vos doigts à mâchouiller, ceci afin d'éviter tout risque d'infection, bien sûr. Les rougeurs de gencive disparaissent plus rapidement si on les tamponne avec de la tisane à la camomille.

Tapotements

Avec la pulpe de votre pouce ou de votre index, tapotez le pourtour des lèvres de votre bébé avec précaution. Suivez le contour de sa mâchoire inférieure. De cette manière, vous stimulez les zones qui vont être percées par les nouvelles quenottes.

Massage de la mâchoire

Souvent, quand une dent est en train de percer, la douleur est telle qu'elle irradie dans toute la mâchoire et beaucoup de bébés se soulagent en mordant le plus fort possible tout ce qu'il est possible de mordre ; un petit massage des mâchoires est alors conseillé.

2 Du bout des doigts, massez en petits mouvements circulaires de son menton jusqu'à ses oreilles, puis massez doucement l'articulation de sa mâchoire.

Étirement des lèvres

De vos doigts posés juste au-dessus de sa lèvre supérieure, étirez en allant du centre vers les coins de sa bouche. Puis faites de même en partant juste au-dessous du milieu de sa lèvre inférieure, le long du menton jusqu'aux coins de sa bouche. Au besoin, utilisez quelques gouttes d'huile d'amande douce bio, de première pression à froid (à condition que votre enfant ne présente pas d'allergie).

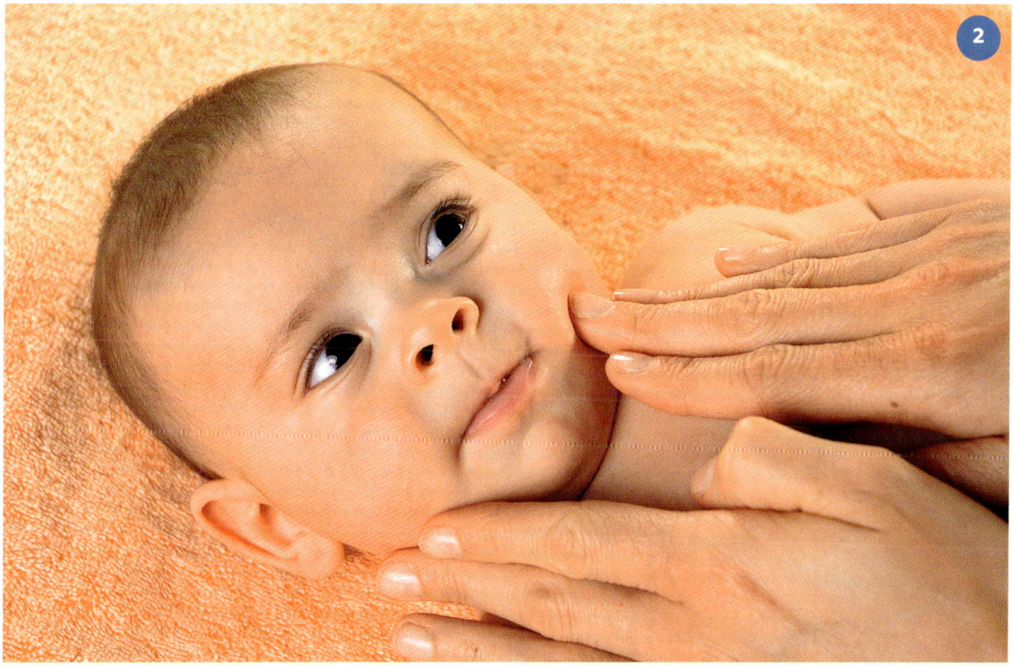

Les rhumes

Les bébés souffrent beaucoup plus souvent que les adultes de petits et de gros refroidissements ; les rhumes et les nez bouchés vous donneront souvent du fil à retordre. En cas de rhume, il est vraiment nécessaire d'aérer, pour avoir un renouvellement d'air frais, et d'éviter le plus possible la fumée de cigarette, la poussière et les gaz d'échappement. Mais de petits massages rapides du visage permettent d'alléger le rhume en dégageant les mucosités nasales, ce qui débouche les narines et facilite le passage de l'air. Ce massage est une manière douce de stimuler certains points d'acupression, afin que les sécrétions nasales soient moins abondantes, se fluidifient et s'écoulent. Les bébés réagissent de manière si sensible à cette stimulation des points d'acupression qu'il ne faut même pas exercer de pression, mais se contenter simplement de les masser doucement en mouvements circulaires dans les zones concernées.

La zone des sourcils

Il y a deux points intéressants au-dessus de la racine du nez, au départ des sourcils, dont la stimulation permet de dégager les narines encombrées.

Posez vos pouces côte à côte au-dessus de la racine du nez de votre bébé et étirez plusieurs fois les sourcils et la région qui est juste au-dessus, en allant vers ses tempes.

1 Vous pouvez ensuite faire de petits mouvements circulaires très légers de l'index, sans appuyer, sur la région située juste entre ses sourcils - il y a là un autre point dont la stimulation permet d'accélérer la guérison.

Le nez

Ensuite, passez le bout de votre index de la racine de son nez, le long de ses narines et jusqu'aux coins de sa bouche, dans un mouvement lent et fluide. En bas de chaque na-

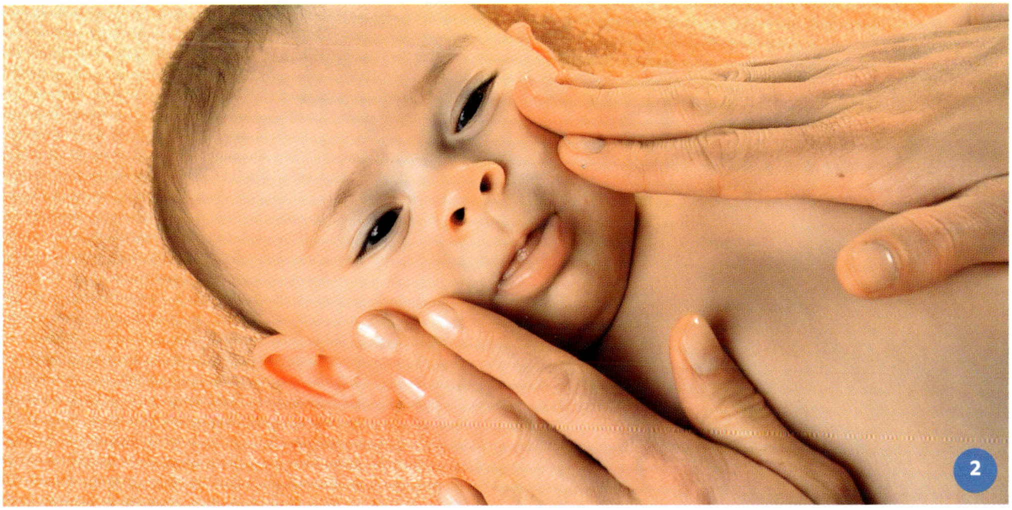

rine, sous les ailes du nez, il y a encore des points d'acupression dont la stimulation par petits cercles faits du bout du doigt permet un mieux-être. Elle favorise la guérison et permet au nez de se dégager plus vite. Alternez mouvements longs et circulaires et répétez le tout 2 ou 3 fois. Certains bébés n'apprécient pas de longs massages sur le visage. Respectez votre bébé.

Les joues

2 Pour finir, vous pouvez masser les joues de votre bébé. Du bout des doigts, dessinez des cercles qui partent des ailes de son nez vers l'extérieur, remontent vers le haut de ses joues, se retrouvent le long du haut du nez, puis redescendent contre les ailes vers le point de départ. Refaites le même circuit plusieurs fois, d'un geste fluide.

Massage au cajeput

Il n'est pas question de mettre d'huile essentielle sur le visage ! Mais un petit massage de la poitrine avec 1 ou 2 gouttes de cajeput (dans 50 ml d'huile de base) est souvent très efficace. Le cajeput est une des huiles essentielles les plus douces et la peau des bébés la supporte en général très bien. Il aide à soigner les rhumes, la toux et les courbatures. Faites toujours un petit test d'allergie (voir encadré page 33) pour savoir si vous pouvez utiliser ce mélange sur votre bébé.

Les affections de la peau

Beaucoup de bébés souffrent d'une peau sèche, d'eczéma topique et de démangeaisons irritantes. Les affections de la peau peuvent beaucoup tourmenter les bébés pendant leur première année. Plus ils sont petits, plus la situation est difficile pour les parents : ils doivent empêcher leur bébé de se gratter et sont souvent impuissants à traiter le problème. Quand la peau est très sèche, il faut absolument la traiter. L'huile utilisée lors des massages nourrit la peau (mais n'hydrate pas, c'est pourquoi une crème est nécessaire) et permet de résoudre une partie des problèmes.

Les dermites n'empêchent pas de pratiquer les massages déjà traités dans cet ouvrage. Sur les zones où la peau est abîmée ou irritée, limitez-vous à une seule caresse tendre. En cas d'affection cutanée, le choix de l'huile de massage est bien plus important que celui d'une technique particulière : plus l'huile est de bonne qualité et contient des principes actifs, mieux c'est. Vous connaissez déjà plusieurs mélanges, mais en voici d'autres qui font des merveilles en cas de peau irritée.

L'huile d'onagre

Cette huile est obtenue par pression à froid des graines de la plante ; elle est réputée pour sa haute teneur en acides gamma linoléiques. Bien qu'elle soit vendue le plus souvent sous forme de capsules prêtes à avaler, on peut s'en servir directement sur la peau pour bénéficier de ses effets curatifs. L'huile d'onagre est apaisante et régénère la peau en améliorant sa structure.

Recette : Pour faire une huile de massage soignante, mélangez 10 ml d'huile d'onagre dans 40 ml d'huile de jojoba ou d'amande douce bio, de première pression à froid.

L'huile de millepertuis

Elle est cicatrisante, apaisante et régénère les peaux sèches et irritées. Pour faire un massage avec cette huile, respectez deux principes. D'une part, l'huile de millepertuis a la faculté de renforcer la sensibilité à la lumière de la peau - surtout quand on en

Info

Votre pédiatre vous donnera des astuces très utiles pour soigner la peau de votre bébé en cas d'inflammation. S'il y a une crème à passer sur la peau de votre bébé, profitez-en pour lui faire un petit massage au moment de le soigner.

Un bon mélange d'huiles peut apaiser les irritations et les démangeaisons.

utilise souvent, la peau des bébés a encore plus besoin que d'habitude d'être protégée du soleil. Et d'autre part, comme elle colore (un peu) en rouge clair la peau et les textiles, pensez à ne pas installer votre bébé sur votre plus jolie serviette de toilette blanche.

Recette : L'huile de millepertuis ne doit pas s'utiliser pure, mais toujours en mélange : mettez 5 ml d'huile de millepertuis dans 50 ml d'huile d'amande douce bio, de première pression à froid ou de jojoba. À conserver dans une bouteille opaque ou colorée au réfrigérateur.

L'huile de chanvre

C'est une huile de soin intéressante de par sa haute teneur en acides gras insaturés. Au contraire du cœur de la plante, ses graines et l'huile qu'on en tire ne contiennent pas de substance toxique, mais quantité d'acides gamma linoléiques. Bien que son contenu en acides soit moindre que celui de l'huile d'onagre, l'huile de chanvre est pourtant plus avantageuse. N'achetez que de l'huile de première pression à froid.

Recette : Comme l'huile de chanvre est un produit alimentaire, vous pouvez l'utiliser pure directement pour les massages.

Bonus : dodo, l'enfant do

Les massages réguliers améliorent le rythme de sommeil de votre nourrisson de manière quasiment automatique. Leurs effets relaxants facilitent l'endormissement et allongent la durée du sommeil. Si votre bébé dort mal, il est très utile d'instaurer comme rituel d'endormissement des massages quotidiens. Si votre enfant se met à pleurer, c'est peut-être parce que vous avez dépassé le temps de massage dont il a besoin, étant trop fatigué il cherchera son sommeil.

Reconnaître le bon rythme

La principale différence entre les rythmes de sommeil des bébés et ceux des adultes est que les premiers ne font pas de distinction entre le jour et la nuit. Bien qu'ils dorment entre 14 et 20 heures sur 24, cela se fait en plusieurs phases courtes de 2 à 4 heures chacune. Et personne ne peut obliger un bébé à dormir plus longtemps la nuit : les premiers mois, c'est essentiellement la faim qui réveille le nourrisson, qui tire donc ses parents du sommeil.

Mais finalement, un rythme relativement régulier s'installe entre les phases de repas, de veille et de sommeil. Beaucoup de bébés restent réveillés environ une heure à une heure et demie entre deux phases de sommeil, puis la fatigue revient et le bébé s'endort étonnamment rapidement. Observez votre bébé pour apprendre à identifier ses phases de sommeil et essayez de le coucher régulièrement en fonction de son rythme.

C'est avec un rythme strict que vous pourrez aider votre bébé à s'habituer plus vite à faire ses nuits : établissez un emploi du temps régulier qui marque clairement la différence entre le jour et la nuit. Par exemple, quand votre bébé est éveillé pendant la nuit, éclairez le moins possible et évitez les jeux et toutes les activités des phases d'éveil diurnes, de manière qu'il retrouve l'envie de dormir le plus vite possible.

Ne pas déranger !

Les discussions à voix haute, les allées et venues permanentes dans sa chambre et toutes les formes de dérangement perturbent le sommeil d'un bébé. Mais les sons « normaux » de la vie, comme la conversation, le bruit des appareils ménagers ou de la vaisselle qu'on lave ne dérangent pas la plupart des nourrissons ; cela leur donne en revanche le sentiment confortable d'être au milieu d'une vie qui suit son cours. N'allez donc pas marcher sur la pointe des pieds tout le temps sous prétexte que votre bébé dort ; il se réveille de toute manière naturellement de temps en temps et, quand c'est l'heure de sa tétée, en moins de temps qu'il ne faut pour le dire !

Les petits rituels (et le massage) permettent un meilleur sommeil.

Petit rituel d’endormissement

Peut-être avez-vous entendu parler de ces bébés qui ne s’endorment que dans une voiture qui roule. Ce type de rituel est évidemment exactement ce qu’il faut éviter, sauf si vous avez envie de passer vos nuits au volant à faire le tour du pâté de maisons... Maintenez un rituel d’endormissement le plus simple possible. Nous vous proposons la liste suivante, que vous pourrez bien sûr adapter en fonction de vos propres besoins :

- Nourrissez votre enfant pour qu’il soit rassasié, car la faim tient éveillé. Veillez à ce qu’il ait fait son rot, sinon il risque de voir son sommeil perturbé par une « bulle » qui ne passe pas.
- Faites toutes les activités nécessaires avant, comme les soins du cordon ombilical ou le brossage des dents chez les plus grands. Aérez la pièce et faites déjà un premier câlin à votre enfant.
- Après cette petite pause digestive suit une rapide séance de massage.
- Ensuite, changez-lui sa couche, habillez-le pour la nuit (mettre un pyjama signifie qu’on va se coucher) et mettez-le dans son lit. Chantez-lui une berceuse (de préférence toujours la même) et envoyez-le avec un baiser au pays des rêves.
- N’oubliez pas que les sentiments et les humeurs sont contagieux. Plus vous restez calme et décontractée, mieux c’est.

La stimulation délicate des points d'acupression 1 et 2 agit de manière décontractante et favorise le sommeil.

Massage décontractant du bras

Sur le poignet et au creux du coude, il y a deux points d'acupression qui sont des points de décontraction qui interviennent sur l'endormissement. D'une main, maintenez la petite main de votre bébé et écartez doucement son bras. De l'autre main, massez-lui le bras lentement et régulièrement de l'épaule jusqu'à la main, d'abord à l'intérieur du bras puis à l'extérieur. Ensuite ouvrez-lui le bras et massez-lui délicatement de vos pouces la face externe du coude. Massez ensuite la face interne de son poignet (du côté du petit doigt), toujours par de petits mouvements circulaires. Repliez-lui son bras et répétez ces gestes sur l'autre bras.

Info

En cas de problèmes de sommeil, les huiles de massage aromatisées à la lavande, à la camomille et à la rose sont particulièrement indiquées. Mais attention au bon dosage : 1 goutte dans 50 ml d'huile de base suffit largement pour la petite peau tendre du bébé. Pensez aussi au classique sachet de lavande pour favoriser le sommeil.

Mini-massages et jeux apaisants

Jeux de massage créatifs et amusants

Qui a dit que le massage des bébés était une activité sérieuse ? Plus vous vous amusez et y mettez de joie, plus le plaisir est grand pour vous et pour votre enfant. Ce sont surtout les plus grands bébés qui trouvent très agréable le changement apporté par les mini-massages et les jeux de massage des pages qui suivent.

Ils permettent d'apporter des éléments nouveaux dans le massage, de développer les capacités motrices et l'éveil de votre bébé ou de lui donner le réconfort d'un petit massage vite fait dans la routine quotidienne. Naturellement, vous pouvez associer ces jeux les uns aux autres et vous en inspirer pour en inventer de nouveaux.

Les balancements

Jouer à se balancer n'est sans doute pas ce qui vous vient à l'esprit en premier quand on parle de massage. Mais ce type de jeu stimule tout l'organisme de votre bébé ; les balancements l'aident à prendre conscience de son corps et de ce qui l'entoure. Certains bébés sont un peu peureux au début.

En haut, en bas !

Tenez votre bébé sous les aisselles et amenez-le contre votre poitrine. Vous devez avoir une bonne prise : vous serez en confiance et votre enfant aussi. Puis soulevez-le haut dans les airs et ramenez-le contre vous. Beaucoup de bébés adorent cela, si ce mouvement est fait avec gaieté et s'ils atterrissent en sécurité dans les bras de leurs parents. Pour changer, vous pouvez aussi balancer votre petit à l'horizontale en l'écartant de vous avant de le ramener tout contre vous, dans la chaleur de votre corps.

Vole, bébé, vole !

1 Allongez votre bébé en position ventrale sur votre avant-bras et calez-le fermement en le maintenant de votre autre main. Puis levez-vous pour pouvoir bouger librement. Au début, il suffit juste de vous promener et de balancer le haut de votre corps pour que votre bébé s'habitue à ce mouvement. Plus tard, si vous voyez que votre enfant est à l'aise, vous pourrez faire un tour complet sur vous-même.

Le grand 8

2 Calez votre bébé sur le dos, une de vos mains sous ses fesses. De l'autre main, maintenez-lui la nuque et aussi, si possible, une épaule, pour qu'il soit maintenu en toute sécurité. Maintenant, soulevez-le et le voyage peut commencer : éloignez-le de vous et balancez-le comme s'il était sur une grosse vague qui va de votre gauche à votre droite. Le mouvement tout en courbes doit décrire un « 8 » couché : dans une direction sa tête va vers l'avant, dans l'autre elle va vers l'arrière. Commencez tout doucement pour laisser à votre bébé le temps de s'habituer à ce jeu.

Le massage du papillon

Le « petit papillon » frôle tout doucement de ses ailes la peau de votre bébé... Ce jeu de massage stimule la sensibilité de sa peau grâce à vos caresses légères, comme celles d'une plume. Dans ce jeu de massage, les bébés particulièrement chatouilleux préfèrent être caressés de manière un peu plus ferme, surtout au début, mais, au fil du temps, ils ne réagissent plus de manière aussi sensible aux sollicitations légères.

Le petit papillon peut se promener sur la peau de votre bébé avec ou sans huile de massage, comme vous voulez. En mettre un peu présente l'avantage que vos mains glissent encore plus facilement sur sa peau et qu'en voyant le sillage brillant des traces de vos doigts, vous savez où vous êtes déjà passée. Sans huile, ce massage prend moins de temps et peut s'organiser rapidement pratiquement partout.

Pendant le déshabillage, vous pouvez raconter à votre bébé qu'un petit papillon vient d'arriver en voletant pour le caresser de ses ailes. Peut-être savez-vous mettre vos deux mains en forme de papillon qui vole, et les lui montrer ? Sans comprendre les mots, en un rien de temps, votre bébé saura repérer le jeu et s'attendra à une séance de caresses particulièrement agréable dès qu'il vous verra le faire.

La particularité de ce jeu du massage du papillon consiste à mettre vos mains en forme de coupe inversée pour le masser du bout des doigts, toujours de manière symétrique et toujours sur un rythme régulier et continu. C'est plus facile à faire en mettant vos pouces côte à côte ou même en les croisant.

Le petit papillon

Votre bébé est allongé sur le dos face à vous. Caressez-le de vos doigts tout légers d'abord du centre vers les côtés au niveau de ses épaules et faites passer lentement vos doigts de haut en bas sur sa cage thoracique et son ventre. Le petit papillon se repose un peu avant de reprendre sa course, reste plus longuement sur certains endroits ou au contraire file vite sur d'autres (par exemple, sur les zones les plus chatouilleuses). Testez, inventez et faites de ce massage un petit jeu qui vous amuse, votre bébé et vous.

Ensuite, le petit papillon se dirige vers les bras et les jambes de votre bébé, les uns après les autres. Puis il survole sa tête et son visage, où vous pouvez lui caresser le front, les joues, le menton et aussi les oreilles. Peut-être que ce petit coquin de papillon a envie de lui chatouiller un peu le nez ?

Si vous le souhaitez, et surtout si la séance n'est pas terminée, vous pouvez retourner

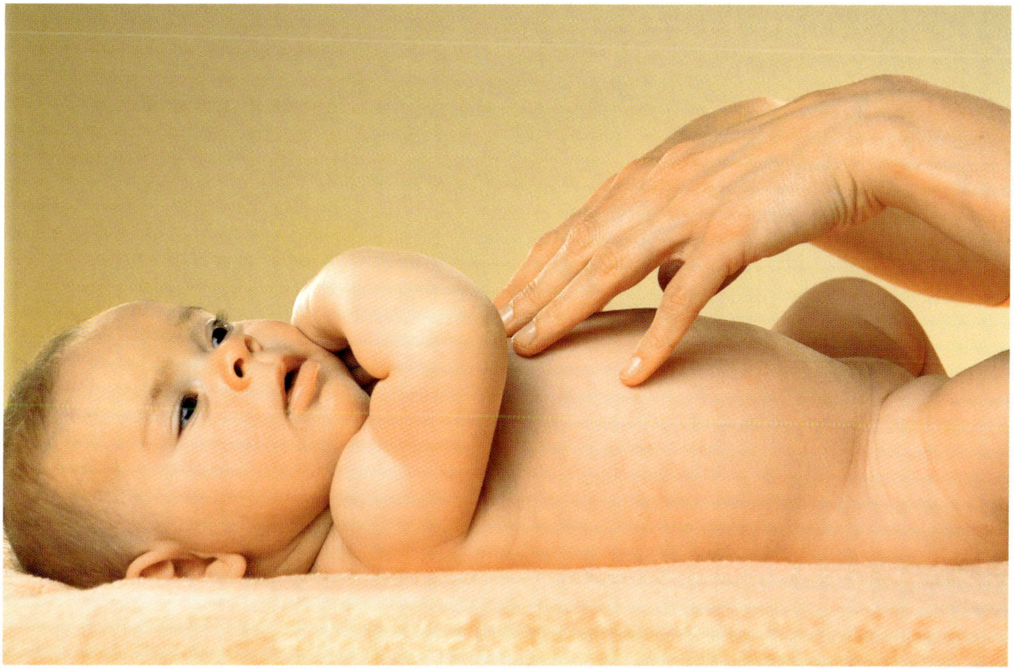

Vos doigts se transforment en ailes de papillon.

votre bébé sur le ventre et faire promener le petit papillon de la même manière, partout sur l'autre moitié de son corps : d'abord le dos, depuis les épaules jusqu'aux fesses, puis les bras et les jambes et enfin la tête. Ce massage n'est pas aussi décontractant pour votre bébé car il ne voit pas vos mains « voleter » au-dessus de lui, mais les bébés qui apprécient bien ce jeu de caresses sont tout de même très nombreux.

Variante : le petit scarabée

Pour changer du petit papillon, de temps en temps organisez la visite d'un petit scarabée : au lieu de masser/caresser doucement votre bébé du bout des doigts, tambourinez sur sa peau avec la pulpe de vos doigts, comme le ferait un gros scarabée qui se promènerait sur lui avec ses nombreuses pattes.

Le parcours du massage reste le même que pour le papillon : passez de ses épaules à sa poitrine puis à son ventre, continuez sur ses bras et ses jambes, n'oubliez pas le visage et enfin retournez-le et abordez sa tête et son dos. Les bébés chatouilleux préfèrent souvent cette variante car ils y sont moins sensibles : elle les chatouille moins que le massage du papillon.

Écoute et sens ! Petites comptines de massage

Les vers et les rimes aident les petits enfants à apprendre à parler et le développement du langage des bébés profite beaucoup des comptines rythmées. Il est extrêmement intéressant de faire correspondre les mots et le massage par de petits jeux entre votre enfant et vous, ce qui approfondit la communication que vous entretenez. De plus, ces comptines permettent à votre enfant de reconnaître encore plus vite sa séance de massage : comme cela, il comprend ce qui va suivre, même s'il se trouve dans un environnement différent.

Voici, par exemple, une première comptine qui convient à tous les massages (avec ou sans huile de massage, d'ailleurs) :

Une souris verte,
qui courait dans l'herbe.
Je l'attrape par la
queue,
je la montre à ces
messieurs.
Ces messieurs me disent :
trempez-la dans l'huile,
trempez-la dans l'eau,
ça fera un escargot
tout chaud !

Massage des petits doigts : Monsieur Pouce

Ce grand classique des comptines pour enfants est l'idéal pour masser les doigts de votre bébé : pendant que vous récitez les phrases, laissez-vous tout le temps d'at-

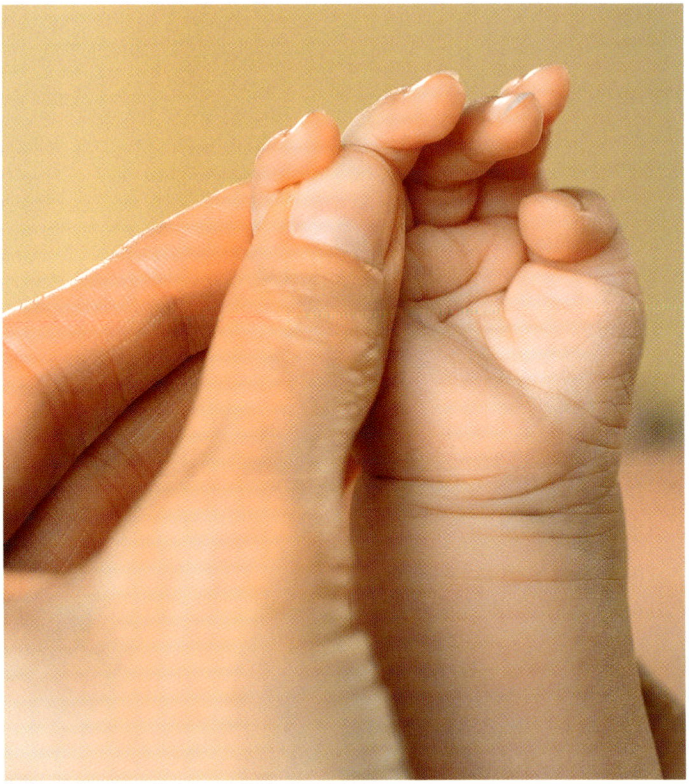

Les petits jeux de doigts, associant massage et comptines, favorisent le développement de votre enfant.

traper le doigt correspondant et de le masser entre votre pouce et votre index.

Monsieur Pouce part en voyage.
(pouce)
L'index lui montre le chemin.
(index)
Le majeur porte la valise.
(majeur)
L'annulaire porte le manteau.
(annulaire)
Et l'auriculaire ne porte rien du tout,
il court derrière comme un petit toutou !
(auriculaire)

Massage du petit visage

N'hésitez pas à broder avec fantaisie sur les techniques de massage détaillées dans ce livre, pour les adapter aux comptines que vous connaissez ou inventez.

Je fais le tour de mon jardin.
(Massez le tour de sa tête, son front
et ses tempes.)
Je descends l'escalier.
(Massez le long de son nez depuis la
racine jusqu'aux narines.)
J'appuie sur la sonnette.
(Appuyez légèrement sur le bout de son
nez.)
Je frotte mes pieds sur le paillasson.
(Massez le dessus de ses lèvres
supérieure puis inférieure.)
Bonjour, Papa, bonjour, Maman !
(Massez chacune de ses joues.)
Je suis arrivé !
(Prenez votre bébé dans vos bras et
serrez-le contre vous.)

« Tu es beau (belle) ! »

Dire à son bébé comme vous le trouvez mignon en l'écrivant en grosses lettres sur sa poitrine et son ventre : n'est-ce pas là un joli jeu de massage, qui consiste à écrire des mots doux avec des caresses tendres ? Vous pouvez aussi faire la même chose en « écrivant » le prénom de votre enfant, ou « mon trésor ». Les lettres qui comportent de grands arcs de cercle sont les plus agréables : en les dessinant dans le sens des aiguilles d'une montre sur le petit ventre, vous régulez en même temps sa digestion. Voici comment procéder :

Avec la pulpe du bout d'un ou de plusieurs doigts, dessinez les lettres de « tu es mignon » en commençant le *t* par la verticale : remontez du bas du ventre de votre bébé à son cou, dessinez la barre du *t* d'une épaule à l'autre, puis faites un grand mouvement circulaire pour le *u*.

Continuez avec les arrondis du *e* et du *s* en passant sur le maximum de surface de son petit corps, de ses épaules, poitrine et ventre.

Faites la même chose avec le dernier mot : commencez aux épaules et profitez au maximum des larges courbes des lettres.

Réflexothérapie – massage des petits pieds

La plante des pieds fait partie des zones les plus sensibles du corps. Il s'y passe de nombreux échanges entre les zones réflexes du pied et les organes correspondants. Avec un massage précis de ces zones réflexes, on obtient une relaxation apaisante et un effet curatif sur tout l'organisme. Chez les bébés, les pieds sont tellement petits qu'il est quasiment impossible de se concentrer sur des zones réflexes précises. Le mieux est de masser le pied tout entier, de manière à obtenir un effet apaisant, source de sensation d'harmonie. En outre, le massage des pieds est particulièrement idéal quand il reste un peu de temps à la fin d'un massage complet du corps. Commencez par masser un des pieds de votre bébé en entier avant de passer à l'autre.

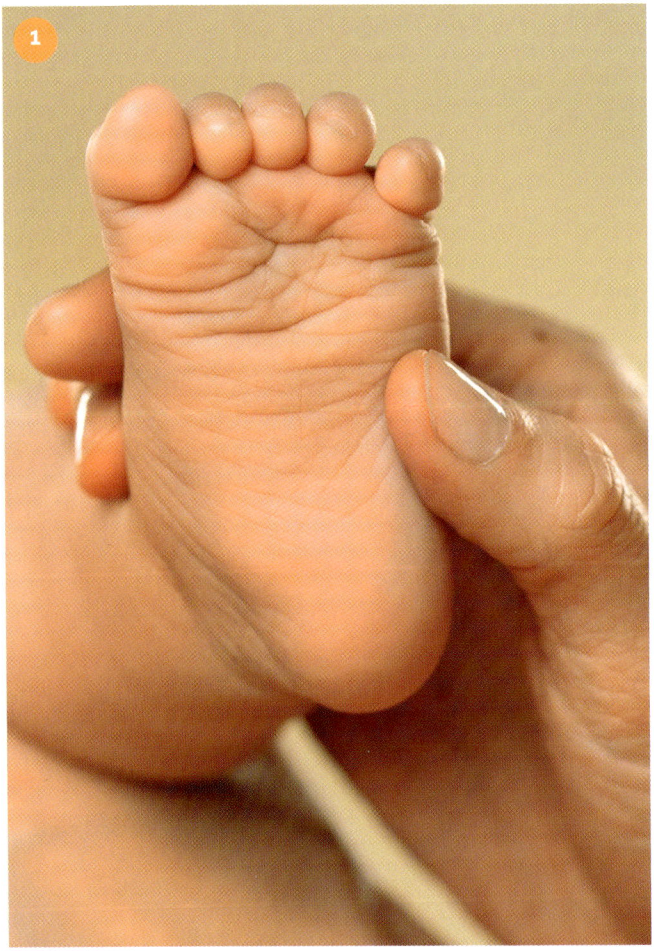

La cheville

Commencez par le massage de sa cheville : enveloppez-la de votre main et massez de la pulpe de votre pouce avec de nombreux petits mouvements circulaires sur tout le pourtour.

Cercles sur la plante

1 Maintenez le peton de votre bébé dans votre main et massez de l'autre main toute la surface de sa plante de pied avec de grands mouvements circulaires, sans appuyer trop fort car les nourrissons sont très sensibles à la réflexologie plantaire. Les cercles commencent au talon, suivent le contour extérieur de la plante de pied jusqu'aux orteils, passent sous les orteils, descendent le long du contour intérieur et reviennent au talon.

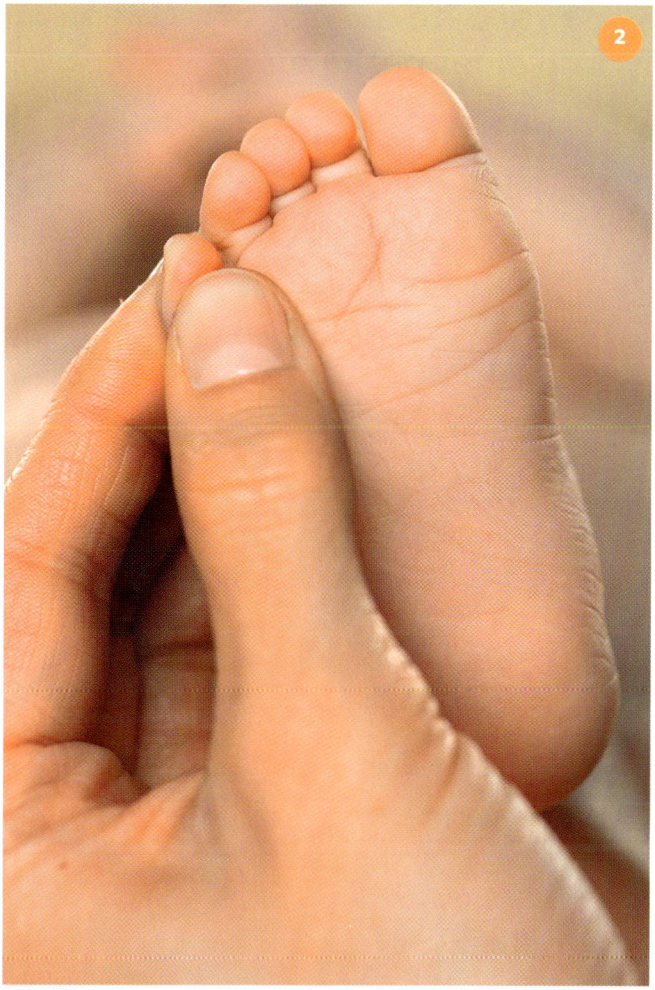

Massage de la plante

Faites ensuite avancer le pouce du talon aux orteils et revenez, dans les deux sens. Essayez de bien inclure toute la surface de la plante du pied dans ce massage.

Massage des côtés latéraux

Depuis le talon de votre bébé, massez le long de l'intérieur de son pied jusqu'au gros orteil et revenez dans un mouvement fluide descendant jusqu'au talon. Répétez le même geste plusieurs fois, puis faites de même sur la longueur extérieure latérale.

Massage des doigts de pied

2 Massez du gros orteil au plus petit doigt de pied, chacun un par un, avec votre pouce et votre index. Commencez par la première phalange, celle qui attache le doigt de pied au pied et massez par de petites pressions jusqu'à l'ongle. Puis pressez avec la pulpe de votre pouce dans le creux situé sous chaque doigt de pied.

Pressions sur la plante des pieds

Tenez bien le pied de votre bébé d'une main, de manière que votre pouce de l'autre main puisse facilement exercer des pressions sur la plante de ce petit pied. Appuyez point après point du talon jusqu'aux doigts de pied et revenez jusqu'à ce que vous ayez ainsi traité toute la plante du pied. Passez ensuite à l'autre pied.

La petite bête qui monte et autres jeux

Les jeux de doigts suivants sont surtout intéressants pour varier et apporter plus de plaisir dans la routine du massage quotidien (qui ne devrait jamais ressembler à une routine quotidienne, d'ailleurs !). Ils stimulent les capacités d'éveil et d'attention de votre bébé.

Dix petits bonshommes – massage du ventre

Pour ce jeu, votre bébé est couché sur le dos devant vous de manière que vous puissiez confortablement faire tout le tour de son ventre avec vos doigts ; voyagez sur sa peau du bout des doigts et essayez de le masser tout doucement, mais suffisamment fort pour qu'il n'ait pas la sensation d'être chatouillé.

Dix petits bonshommes
vont ci, vont là,
dix petits bonshommes
s'en vont par là.
(Vos doigts circulent de droite à gauche sur son ventre.)
Dix petits bonshommes
remontent le chemin,
dix petits bonshommes
marchent sans fin.
(Vos doigts vont de sa poitrine à ses jambes, de haut en bas.)
Dix petits bonshommes
tournent en rond,
dix petits bonshommes
sur ton bedon !
(Vos doigts tournent dans le sens des aiguilles d'une montre sur son ventre.)
Dix petits bonshommes
vont s'en aller,
dix petits bonshommes
se sont cachés !
(Cachez vos mains sous ses jambes ou derrière votre dos.)
Dix petits bonshommes,
les as-tu vus ?
Dix petits bonshommes
sont revenus !
(Vos mains reviennent devant ses yeux et vous pouvez recommencer le jeu.)

La petite bête qui monte

1 Du bout des index, sur le corps de votre bébé, faites grimper vos doigts tout doucement en suivant le rythme de la comptine, comme si une petite bête lui grimpait dessus pas à pas :

C'est la petite bête qui monte,
qui monte, qui monte…

Vous pouvez varier les parties de son corps sur lesquelles vous pratiquez ce jeu : une jambe après l'autre, un bras après l'autre, son dos, son ventre et sa poitrine, jusqu'à son cou ! Et qu'est-ce qui empêche la petite bête de redescendre ?

Oh ! voilà le p'tit eskimo !

Avec cette comptine, ce n'est pas tellement la zone sur laquelle vous le massez qui est importante, mais plutôt l'intensité, parfois fermement, parfois tout doucement.

Oh ! voilà le p'tit eskimo,
s'il appuie là, il me fait chaud !
(Faites atterrir légèrement deux de vos doigts plusieurs fois n'importe où sur son corps.)
Et l'ours polaire se promène
pendant toute la semaine.
(Appuyez plus fort de la paume, comme les grosses pattes de l'ours.)

Voici un petit pingouin
qui me tire les oreilles, le coquin !
(Vos pouces et vos index lui étirent doucement le pourtour des oreilles.)
Et plein de crabes venus des îles
qui partout partout me titillent !
(Vos doigts pointés marchent « en crabe » partout sur sa peau.)

Être créative !

Ne vous limitez pas à nos suggestions, tant mieux si votre imagination vous suggère d'autres jeux pour masser votre enfant. Soyez créative, inventez et vous vous amuserez autant que votre bébé.

Massages du visage – petit menton, beaux yeux…

Certains bébés n'aiment pas trop se laisser masser le visage, alors que d'autres adorent ça. Si le vôtre fait partie de ces derniers, profitez des idées de massage qui suivent pour lui prodiguer quelques caresses supplémentaires. Pour cela, ne mettez pas d'huile de massage.

Massage du visage tout entier

Petit menton,
jolies lèvres,
nez tout rond,
et beaux yeux,
je vous aime !

Petit menton : Avec vos deux pouces, étirez le menton de votre bébé vers les coins de sa bouche.

Jolies lèvres : Du bout de vos doigts, massez-lui délicatement la lèvre inférieure puis la lèvre supérieure, en allant vers les coins de sa bouche. Dessinez un sourire sur la bouche de votre bébé.

Nez tout rond : Du bout de vos index, massez-le le long du nez depuis la racine, en passant le long des ailes des narines, jusqu'aux coins de sa bouche.

Et beaux yeux : Étirez très doucement ses sourcils depuis le milieu de son front en allant jusqu'à ses tempes.

Je vous aime : Enfin, massez-le du bout de vos index tendus en partant du haut de son front vers ses tempes, en passant par ses cheveux, comme si vous vouliez le peigner.

Massage des oreilles

Comme pour les pieds, les oreilles sont constituées de zones réflexes qui régulent toutes les parties du corps. Bien que les oreilles d'un bébé soient toutes petites, on peut quand même les stimuler en les massant doucement.

1 Commencez en haut de l'oreille. Pour cela, saisissez le haut du pavillon d'une oreille de votre bébé entre le pouce et l'index. Massez délicatement et en rythme tout le tour de son oreille, jusqu'au lobe. Quand vous serez à l'aise, vous pourrez faire les deux oreilles en même temps.

En cercles

2 Avec vos pouces, dessinez des cercles sur les joues de votre bébé. Commencez près des coins de sa bouche, massez-le d'abord vers le haut, puis en mouvements circulaires vers l'extérieur au-dessus des pommettes, avant de revenir ensuite vers les coins de sa bouche.

Ensuite, faites tourner vos pouces en cercles de plus grand diamètre au-dessus de son front, puis depuis le milieu de son front jusqu'à ses tempes. Là aussi, commencez par des mouvements dirigés vers le haut puis vers l'extérieur.

Enfin, avec vos doigts posés à plat, massez-le symétriquement du milieu de son front jusqu'à ses tempes, en arcs de cercle dirigés en même temps vers la droite et vers la gauche, sur les tempes, les mâchoires, puis revenez à son menton.

Le petit massage « yoga »

Bien sûr, votre enfant ne peut pas vraiment faire de yoga ; mais avec vos mains, vous pouvez placer délicatement son corps dans quelques-unes des positions types de cette discipline. En Inde, ce massage « yoga » fait partie intégrante de chaque séance de massage des bébés. Il étire les muscles tout en massant les organes internes. Les exercices détendent le dos, ouvrent la cage thoracique et facilitent la respiration. En prime, ils assouplissent les articulations.

Croiser les bras

Votre bébé est allongé sur le dos devant vous. Prenez ses petites mains dans les vôtres et étirez doucement ses bras de chaque côté, mais sans aller à l'encontre de ses mouvements, rien ne sert de forcer. Puis croisez-les-lui sur la poitrine. Répétez ce mouvement plusieurs fois en pensant à alterner le bras qui passe sous l'autre à chaque fois.

Les membres en diagonale

1 Ensuite, prenez une de ses mains dans l'une des vôtres et, de l'autre, son pied du côté opposé. Étendez son bras et sa jambe sans forcer et faites-les se superposer de manière que le pied atteigne l'épaule opposée et que la main vienne rejoindre la hanche opposée. Répétez ce mouvement très délicatement plusieurs fois, puis changez de côté en prenant son autre main et son autre pied.

Croiser les jambes

Enfin, croisez-lui ses petites jambes : prenez un de ses pieds dans chacune de vos mains, étirez légèrement ses jambes vers les côtés et amenez-les lentement à se croiser par-dessus son ventre. Veillez bien à faire ce mouvement très lentement et sans forcer du tout ; si votre bébé se laisse faire sans protester, répétez-le plusieurs fois en alternant bien la jambe qui se trouve sur le dessus.

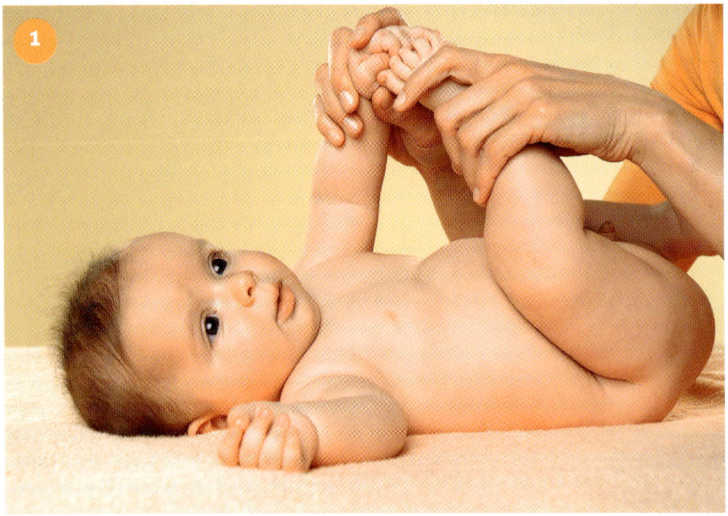

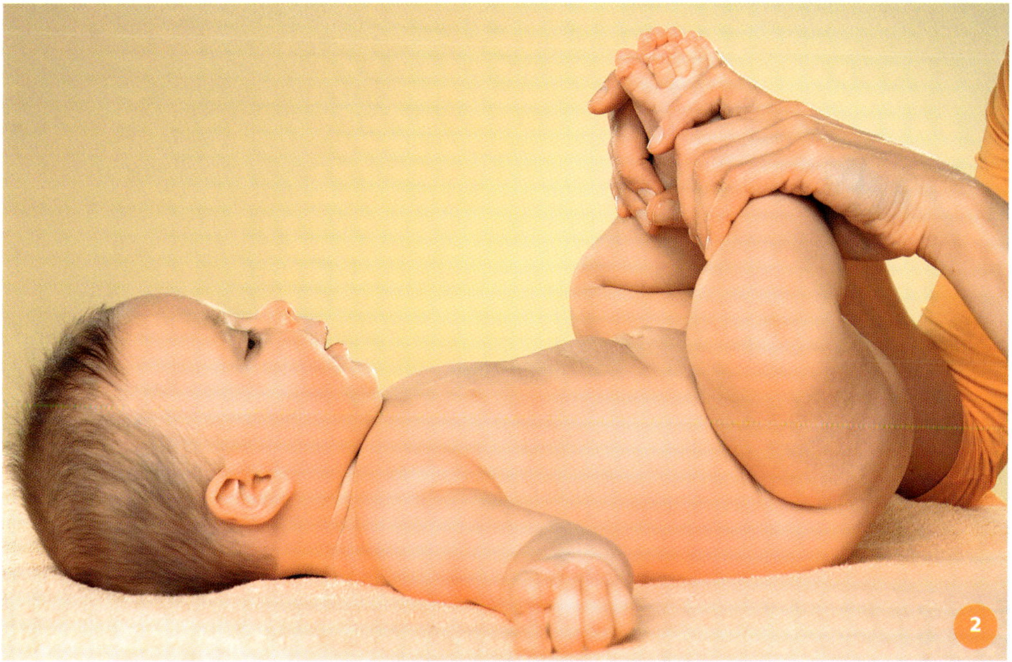

Souplesse du siège

À partir de l'âge de trois mois, vous pouvez pratiquer ces exercices avec votre bébé.

2 Votre bébé est allongé sur le dos devant vous. Réunissez ses jambes de manière à plier légèrement ses genoux. Maintenez le bas des jambes et amenez-les vers le ventre de votre bébé en mettant peu à peu les plantes de ses pieds l'une contre l'autre. Vous pouvez faire pivoter légèrement ses petits pieds de manière à n'en faire se rejoindre que les bords extérieurs, ainsi il peut vous regarder à travers.

Bon à savoir

Les bébés sont beaucoup plus souples que nous, les adultes, en de nombreux points et notamment aux hanches. C'est pour cela que les mouvements du massage « yoga » ne sont pas aussi acrobatiques qu'il y paraît à première vue, au contraire. Allez-y quand même toujours doucement, avec précaution et lentement.

Bonus : le shiatsu spécial bébé

Le shiatsu est une technique de massage qui est apparue au Japon au début du vingtième siècle. Comme l'acupression, elle se fonde sur le principe que le corps humain est traversé par de nombreuses voies qui transportent l'énergie, nommées les méridiens. Le système des méridiens provient de la médecine chinoise traditionnelle et inspire des générations de médecins depuis des millénaires.

La pratique du shiatsu pour les bébés est arrivée il y a peu de temps en Occident, parmi toute une gamme de thérapies orientales. Il n'est bien sûr pas nouveau de penser que les principes dont dérivent le shiatsu et l'acupression sont également efficaces sur les bébés. Le shiatsu a sur les bébés les mêmes effets positifs que toutes les autres formes de massage affectueux : il est apaisant, relaxant, source de confort et de confiance, et calme de nombreuses petites douleurs et petits bobos. Par ailleurs, à l'aide du shiatsu, un thérapeute expérimenté peut traiter des maladies réelles de manière efficace. Vous aussi pouvez vous prêter chez vous, de manière tout à fait détendue, à de premières expériences de shiatsu pour les bébés. Voici les informations indispensables.

Méridiens et énergie vitale

Les thérapies extrême-orientales voient le corps humain non pas seulement comme une belle machinerie de muscles, d'os et d'organes bien coordonnée, mais surtout comme partie de l'ensemble constitué du corps, de l'âme et de l'esprit. Tous ces niveaux sont liés les uns aux autres par l'énergie. Le principe de l'énergie vitale, le qi (prononcez « chi »), est à la base du système : le corps, l'âme et l'esprit ne sont sains et en harmonie que lorsque l'énergie vitale circule sans encombre.

En shiatsu, les maladies et le dérangement du bien-être sont imputables à la perturbation du flux de l'énergie vitale. Les blocages des méridiens conduisent à divers types de maladies, car chaque méridien est connecté à une zone précise du corps. En shiatsu, on travaille généralement avec 14 méridiens principaux. En même temps, on dénombre des points d'énergie (tsubos), répartis pour la plupart le long de ces méridiens, auxquels le shiatsu s'intéresse autant qu'aux méridiens car, comme en acupression, ces points jouent un rôle très important dans l'ensemble de l'énergie. Le flux énergétique des méridiens influence non seulement le bien-être corporel, mais aussi l'état psychique - et c'est pour cela que le shiatsu est très intéressant sur les bébés qui souffrent d'anxiété ou d'agitation.

Le massage shiatsu permet de réguler en douceur l'énergie vitale des enfants.

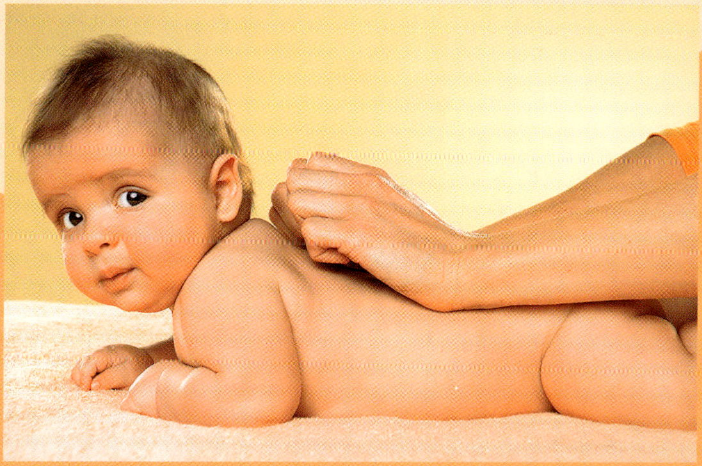

Le shiatsu spécial bébé : les effets intéressants

Le shiatsu pratiqué sur les bébés favorise leur bien-être de manière douce tout en présentant une série d'autres bénéfices intéressants :

- Il élimine les contractures et les blocages énergétiques qui amènent les bébés à crier, pleurnicher ou pleurer souvent.
- Le shiatsu pratiqué sur le bébé améliore la prise de conscience corporelle du nourrisson, stimule tous ses sens et favorise en outre le développement de son cerveau.
- Le massage shiatsu harmonise les flux énergétiques du bébé, favorise sa croissance osseuse, musculaire et celle de ses organes, régule sa circulation sanguine et améliore sa digestion.

Principes de base – ce qu'il faut savoir

- Comme le shiatsu pratiqué sur le bébé peut avoir un effet plus intense que les autres massages, il faut attendre qu'un enfant ait au moins huit semaines avant de commencer.
- Ne pratiquez pas ce massage stimulant extrême-oriental pendant plus de 10 à 15 minutes par jour. Mais vous pouvez tout à fait combiner le shiatsu avec les autres formes de massage.
- Chez les adultes, le shiatsu ne se pratique normalement pas sur la peau nue, mais sur un corps légèrement vêtu. Mais chez les bébés, ce massage est le plus souvent fait au contact direct de la peau parce que les vêtements irritent souvent celle-ci lors des frottements.
- Pour le shiatsu, n'utilisez pas d'huile de massage !

- Veillez à pratiquer les gestes dans l'ordre indiqué aux pages 92 et 93. Dans le shiatsu, il est nécessaire de faire les gestes du massage dans la bonne direction pour respecter les flux d'énergie dans les méridiens.
- Si vous souhaitez pratiquer le shiatsu sur votre bébé pour soulager des maladies concrètes, il est recommandé de suivre des cours et de prendre les conseils d'un thérapeute personnel qui vous aidera à trouver un programme de massage adapté. Le programme que nous décrivons ici est un fil conducteur destiné à améliorer le bien-être de votre bébé, et à harmoniser les flux d'énergie principaux dans ses méridiens.
- Observez de près les réactions de votre enfant : s'il manifeste nettement que certains gestes lui déplaisent, il vaut mieux ne les pratiquer que brièvement et avec de grandes précautions, ou carrément ne plus les lui faire.

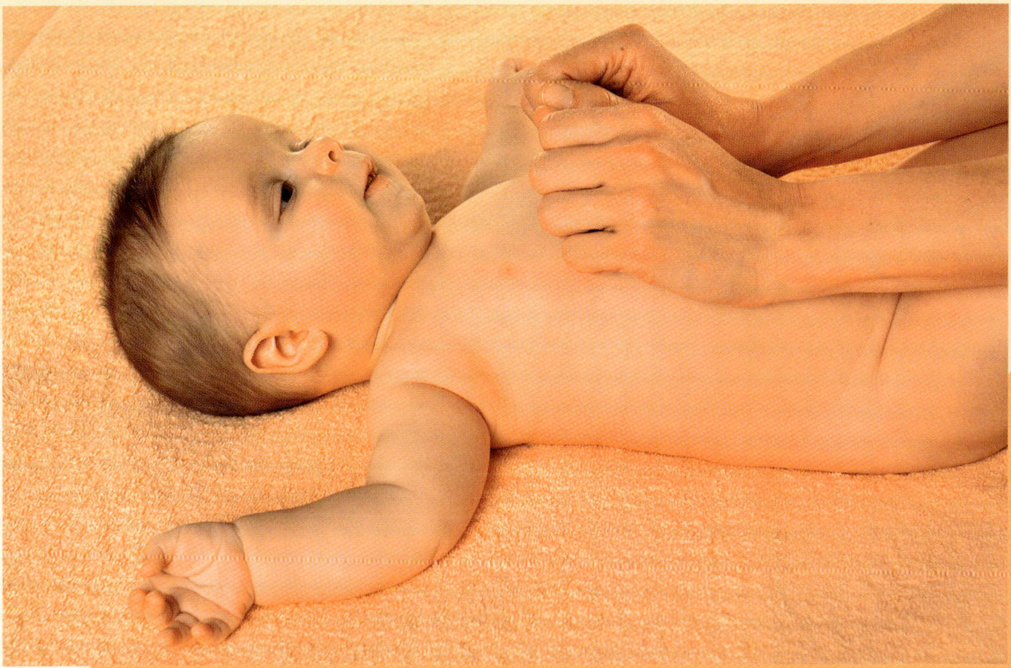

Vous n'avez pas besoin d'huile de massage pour pratiquer le shiatsu.

Le shiatsu spécial bébé : la technique

Pour pratiquer le shiatsu sur votre bébé, veillez à ce que la température de la pièce soit assez chaude et mettez-vous vous-même en condition pour pouvoir travailler calmement.

Avant tout, vous allez travailler avec le talon de vos mains et la pulpe de vos pouces. Massez simplement le long des méridiens. Expirez pendant que vous appuyez (tout doucement !), inspirez quand vous relâchez.

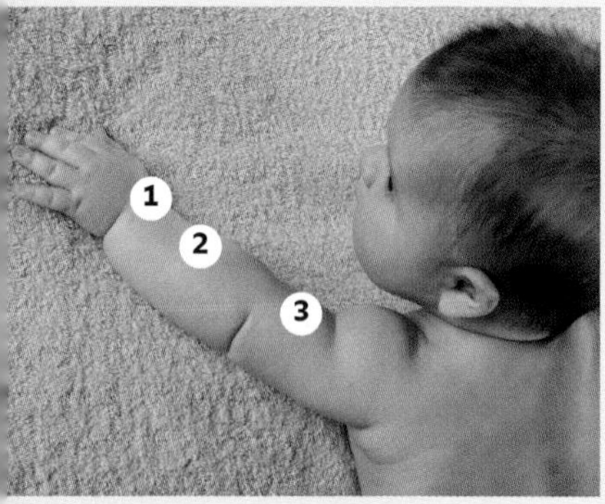

Massage des bras

Étirez doucement le bras de votre bébé vers l'extérieur. Avec le talon de vos mains, massez-le d'abord lentement depuis sa poitrine, en passant sur l'intérieur du bras, jusqu'à la paume de sa main. Ensuite, soulevez ce petit bras de manière à pouvoir le masser depuis l'aisselle, sur l'intérieur du bras et jusqu'à la paume puis au bout des doigts. Continuez depuis le dos de sa main, sur l'extérieur de son avant-bras, son coude et revenez jusqu'à l'épaule. Prolongez légèrement le geste sur le cou, jusqu'à l'oreille. Faites lentement, pendant quelques secondes, de petits mouvements circulaires de la pulpe de votre pouce sur les points 1, 2 et 3.

Massage du buste, du ventre et des jambes

Commencez par masser la face avant de son corps de haut en bas : avec le talon de vos deux mains, passez d'abord sur ses épaules et descendez au-dessus de ses mamelons, à gauche et à droite au milieu du corps, puis plus bas, à l'articulation de ses jambes. Prolongez le geste sur la face avant

de ses cuisses jusqu'aux genoux et massez légèrement vers les côtés extérieurs en passant sur ses jambes et enfin massez le dessus de ses pieds, jusqu'aux orteils.
Ensuite, repartez du bas pour remonter vers le haut de son corps : partez des malléoles de ses chevilles, remontez le long de ses jambes jusqu'aux articulations des hanches, passez au centre de son ventre et jusqu'à ses clavicules. Retournez aux malléoles, massez à nouveau l'intérieur de ses jambes jusqu'à l'aine et, cette fois, massez son ventre en petits cercles sur la droite et sur la gauche.

Posez vos pouces sur les points 4, 5, 6 et 7 et faites de petits cercles sur chacun pendant quelques secondes.

Massage du dos

Maintenant, retournez votre bébé et allongez-le à plat ventre. Du talon des mains, massez-le délicatement du pariétal (haut de la tête ; évitez les fontanelles) à la nuque, puis au dos en passant de part et d'autre de sa colonne vertébrale ; dirigez vos mains vers le bas de son corps. Continuez les gestes sur ses fesses et la face arrière de ses jambes, jusqu'à l'os de ses talons.

Avec vos pouces, pratiquez de petits cercles sur les points 8, 9, 10, 11, 12, 13, 14 et 15 en restant pendant quelques secondes sur chacun.

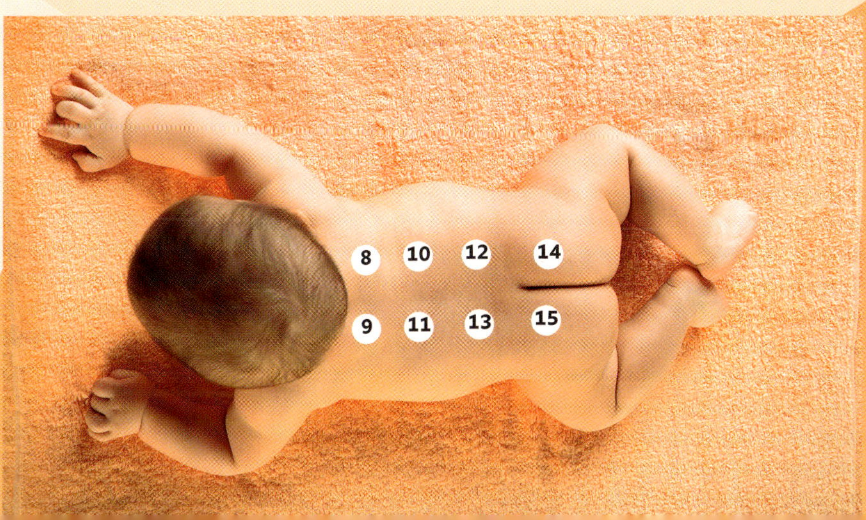

Index

Les auteurs

Sabine Grabosch, physiothérapeute diplômée d'État en Allemagne. Elle est également titulaire de certificats complémentaires en thérapie manuelle et en massage du bébé ; elle est mère de quatre enfants.

Rahel Rehm-Schweppe, physiothérapeute diplômée d'État en Allemagne. Elle est également titulaire de certificats complémentaires en thérapie manuelle, en ostéopathie viscérale et en massage du bébé. Elle est mère de deux enfants et auteur de livres sur le massage.

Avertissement
Le contenu de ce livre a été soigneusement vérifié et tous les exercices qui y sont proposés sont sans danger. Mais l'éditeur et les auteurs se dégagent de toute responsabilité pour ce qui concerne tous dommages ou inconvénients survenant à l'utilisation de cet ouvrage.

Crédits photographiques : toutes les photos sont de Antje Anders
Graphisme de couverture : fuchs_design, Munich, Allemagne
Photos de couverture : Antje Anders

Titre de l'édition originale allemande : *Sanfte Babymassage*
(Rahel Rehm-Schweppe, Sabine Grabosch)

Cette édition par Chantecler, Belgique-France
Traduction française : Isabelle Cassou
Imprimé en Belgique.

D-MMX-0001-200